シリーズ
現場から

学校バトルを真面目に楽しむ

課題別
考え方と行動の方法

岡崎 勝 *okazaki masaru*

言視舎

【まえがき】学校バトルのリアルを洞察する——今ここで起きていることを理解する

２０２０年からの新型コロナウイルス感染症パンデミックによって起動したショック・ドクトリン（惨事便乗型・新自由主義的統治）は社会を大きく変えた。感染拡大という恐怖をテコにして、予防・医療制度・病院治療・検査・ワクチン・行動制限など政府の統治が進められた。社会の中心価値は「安心・安全・便利・快適・簡単・コスパ」になった。

学校はそれに伴って、一斉休校というショックを与え、新たな教育政策の導入によって、今まで以上に大きな変換を余儀なくされた。

その代表が、「ＧＩＧＡスクール構想」と「教員の働き方改革」である。学校のデジタル化とシステム全体の多忙化と効率化は、多くの教員にとって「抑圧」以外の何ものでもない。なぜなら、「学校のデジタル化」と「教員・子ども・親の多忙化」は、基本的な人間の生活と思考を劣化させ陳腐なものに変えるからだ。そして、子どもたちを多様性の名の下に画一化し、私たちを優勝劣敗の競争に駆り立てる。

さらに、社会の様々な集団を同調圧力で縛り、家族の紐帯関係や子どもたちのダイナミックな関係を劣化させていく。最終的には人間を不能化し、生きることをつまらなく＝虚無化する。

デジタル化とは所詮は「0－1」関係の集積である。あれかこれか、正しいか間違いか、被害者か加害者か、男か女か、善か悪か……そういう二択原理でできたアルゴリズムの構造だ。生成AIにしても、過去データの膨大な集積の中での「最適化」という名ばかりの組み合わせでしかない。過去データがゴミなら、生成AIはゴミの山を再生産する。

子どもたちにそのアルゴリズムを教え込むことに、危険性や「生身の生」の重要な欠落はないのか？　育つ過程で欠くことのできない身体性はデジタル化された学校でどう保障されるのか？　時間をかけて自分で思考すること、回り道や散歩の面白さを味わいながら試行錯誤することが「コスパが悪い」とされるなら、AIの最適化に社会を委ねることは「思考停止」と同じである。「働き方改革」も全く進んでいない。そもそも学校の仕事がICTによって多忙化解消に結びつくことなど、あろうはずがない。軽減できた分だけ、仕事が増量されるのであるから。インターネットは便利であるが、それでできた余剰時間でまた新しいコンタクトが始まるのが常である。スマホは便利さと引き換えに常時接続と止まらないデータの洪水という圧力を与えたのと同じである。

過労死ラインが常態になった教員は、思考停止し、悪化する労働条件にも無反応・無頓着になり、「どうせ、何を言っても無駄」という虚無感に身を委ねている。子どもも塾通いや習い事、お受験からはじまって、自分にどう付加価値をつけて「不良債権化」するのを防ぐか、親と一緒に焦っている。

教員の悩み相談にのっていると、ときどき「校長からひどいことを言われたんです。あんなひどい人がなんで校長をやっているんでしょうか？　ワケが分かりません」と聞かれるときがある。私は「そうですか、でも、昔からそんなもんだったけどねえ」と応える。

あるいは「文部科学省や教育委員会は現場のことを何も分かっていないように思います」と言うので、「そのとおりだよ。でも文部科学省なんて、昔から、現場教師の話なんか、まったく聞かなかったし、教育委員会なんてさ、できるかぎり手を汚さないことしか考えていないよ」とまた応える（例外もわずかにあるけれど）。

しかし、最近のメディアは「学校教員の過酷な勤務実態をなんとかしなければならない」と警告を発してくれるようになった。保護者の中にも「先生も多忙化で大変ですね」「ほんとうにお体を大切にしてくださいね」と同情してくれる人が増えた。しかし、学校現場は微動だにしない。

半世紀近く学校で教員をしていると、仕事上で「間違っているのではないか」「どう考えてもおかしい」と自分が思ったときに、発言し、抗議し、動かないと何も、全く変わらないことを、いやというほど知らされた。もちろん、いつも自分が正しいとは限らないが、異なった考えや意見の交錯する論議のないところには草もはえないのである。

つまり「沈黙は同意」であり「黙従」なのだ。そして、当然だが、発言しても簡単に状況は変わらないということも分かってくる。だがしかし、発言をやめ、異議申し立てをしなかったら、さらに状況は悪化するのが現実だ。

私自身は今までささやかに、まず一人で異議申し立てをし、ときには法に則った制度的手段で抗議し訴えることもしてきた。若い教員にも、自分の考えや思いを同僚や管理職に伝える方法を教えるが、結果的には、声を上げることによって少しは現場がましになっていく。もちろん少しだけれど。だから相談者に「手をこまねいて愚痴を言ってるだけでは、ダメなんだよね……」と、言うしかない。

私は1975年に教員になったときから、「学校って本当にいいものかしら？」という疑いを根底に持ち、問い続けながら、子どもたちとともにする生活世界に魅力を感じて仕事を続けてきた。現在は不登校の子どもたちのフリースクールにも関わっている。学校という場が子どもにとってどんな意味を持つのかを、根本的に問いながら学校にとどまり続けてきた。

本書は、現代学校のリアルを整理するためにも、ぜひ読んで欲しい。考えて行動する時間を「時間泥棒」に貯金させてはいけない。ゆとりや余裕は、誰かに与えてもらうのではなく、自らが闘い取るものなのだ。

ここが現場だ、さあ、ここで跳べ！

学校バトルを真面目に楽しむ　目　次

バトルの現場

Ⅰ

教育・学校を捉え直す

先生、わたしたちは主体的なのですか？ 自由なのですか？ それとも

――生権力に統治される学校と新自由主義的学校化

自由と言うただ一つの言葉だけが、今も私を奮いたたせるすべてである。思うにこの言葉こそ、古くからの人間の熱狂をいつまでも持続させるにふさわしいものなのだ。それはおそらく私のただ一つの正当な渇望に応えてくれる。私たちのうけついでいる多くの災厄にまじって、精神の最大の自由が今なおのこされているということを、しかと再認識しなければならない。……残るは狂気である。

アンドレ・ブルドン『シュルレアリスム宣言』

本稿では、公立義務教育学校（小学校を中心に）の実態から、社会の学校化と日本における新自由主義の枠組みが学校や教育に及ぼしている現状について論じる。学校化も新自由主義の枠組みも「本当にいいものなのでしょうか？」という「批判の対象」である。しかし、さらにコロナ

感染症対策の跋扈した3年間、学校化と新自由主義は圧倒的な力で、それまでの「教育改革」の流れに合流し、バージョンアップしながら、教育や子育ての「初期設定」にされている。さながら「コロナショック・ドクトリン」によって生み出された学校教育というディバイスの新ＯＳである。しかも、「いい話」「儲かる話」として。本当に「いい話」なのかどうかを確かめてみたい。

1　新型コロナで感染症対策の残したものは何か？

――定着する「マスク化社会」

先生「みんな、マスク外していいんだよ」
子ども「えーっ、無理ィ～　つけたままでもいいですよね？」
先生「まあ、無理に取ることはしなくてもね、いいけど」
子ども「無理につけさせておいて、無理に取らなくてもいいってさ、バカみたい」
先生「確かにそうだな。君、いいこと言うじゃないか。」
子ども「先生、ぼくは、みんなに合わせとくから気にしないで、大丈夫だよ」

新型コロナ感染症対策も「収束」を迎えている（何が収束かよく分からないけど）ということだが、この3年間、よく分からないまま「三密排除」と「マスクと消毒と黙食」が学校を席巻した。その影響は今までの教室を変えたと言ってもいいだろう。

感染防止というリスク回避に必要だというマスクの強制は、マスク着用問題が生政治の力学であることをはっきりさせた。実際に現場では、「子どもの管理」として、表情が読めないということに初めは困惑した。表情だけで助けを求めている子どもがいても気がつかないことがあるからだ。声に出して「困ったよ」とか「なんとかしてください」と言えばいいじゃないかと思うかもしれないが、今時の子どもたちは大きな声で自己表現することは少ない。それにマスクは声のボリュームも下げてしまう。

朝の教室では、子どもたちの表情でいろいろなことが分かる。泣いていたり下を向いていたりする子どももいるし、異様にテンションが高かったりと、大抵の教員はそれに気づけば声をかけたり、それとなく様子をうかがう。

しかし、マスク顔の目だけではやり過ごしてしまうことが多くなった。「できる子」の集まっている「それなりの学校」なら「先生、聴いてください」とみんな声を出して言うのだろうが、普通の学校の、普通の子どもたちはなかなか声に出してくれない。こちらから水を向ければ話してくれるだろうが、そのチャンスもマスク顔や、黙食など「暗黙に沈黙を強制している」状況では難しい。

とりわけ子どもたちが「ギャーギャー」と騒ぐことが減ってきたことは、教員のほうからすれば「静かで良い」と受けとめがちで、子どもたちのリアルな生の思いは受けとめにくくなっている。「給食も、黙食でなく、小さな声ならお話しはいいですよ」と言っても、ほとんど話をしない学級だって多い。昭和・平成の時代に、こんな静かに給食を食べているクラスは、教員がよほど怖いか、学級の集団的反抗行動くらいしかなかった。旧式の管理主義的ディシプリンの世界では「静かにすること」が学校の重要な課題であったが、その完成形と見間違えてしまう。

　しかし、コロナの時代、毎朝、「心の天気」アプリを使ってタブレット経由で子どもが自分の気分を、晴れ、曇り、雨、雷のどれかのアイコンで選んで伝えられるから大丈夫！に慣れてしまった。「お天気アプリで分類できないのです」とか「雷にしておくと面白いしウケる」という子どもの声を私はよく聞いた。しかし、それは誤差の範囲として考えられている。「まあ、そんなの、だいたいで良いんじゃない」と言う教員に微妙な気分は伝えるだけ徒労になることくらいは子どもでも分かる。教員は、「曇り」で声をかけるか、「雷」以外は声をかけない……等々、「合理的」（？）線引きをアイコンでするようになる。子どもとの関わりをコストパフォーマンスで考えることが学校では日常的になってきている。

　また、子どもたちの中には、自分自身が「マスク越しでは何を言っているか分からないだろうな」とか「伝わりにくいな」と思うと、「まっいっか」と発言意欲を減退させる子どもも少なくない。教員も子どもたちの個人的な想いや情況がよく理解できないし、彼らも意見を言う気持ちが萎えるということだ。ただでさえ、子どもの真意や肉声を捉えることが難しく、関係を構築することが困難な時代である。マスクも「心のお天気」も、子どもと教員の関係で、安全と効率化と簡易化を優先させた結果である。しかし、教員と子どもの関係の簡易化で「ちっとも先生は分かってくれない」感情が吹き上がれば不登校の誘発や、ただでさえ低い学習意欲の消失さえ招きかねない。

さらに、マスクと同じく消毒することも日常化した。「消毒の日常化の何がいけない」という声もあるだろう。しかし問題はその消毒が儀式化しているのではないかということなのだ。消毒しない子どもはダメ！の指導は、「推定有罪」ということでしかなく、消毒「神経症」的になっている。

「命が危ない」という恐怖下なら、よさそうなことは「何でもあり」から「何でもなすべき」という行動規範を子どもたちに刷り込んだ。生政治の戦略として、コロナ感染症死のトピック化が恐怖教育になり、「安心安全」が天下無敵のイデオロギーとなった。「安心安全」のためならば、非常識も常識になるし、話す前に「安心安全」という修飾をつけないと、みんなの不安を煽ることになるという新しい常識もできあがった。これは、危険やリスクの排除のためならば人権や自由も制限可能という暗黙の了解を子どもたちだけでなく大人にも教え込んだことに繋がる。ちょうど、「監視カメラの配備が個人の尊厳を犯したとしても、犯罪は防げるからOK！」という意識に近い。監視カメラと盗撮カメラの違いがはっきりしなくなっているのと同じなのだ。

こうした3年間のマスク着用への主体的服従が世界に広がってできあがったマスク化社会はいくつもの子ども社会への変化を促した。生政治の統治は、微視的権力の技術を伴って実現する。それらのプロセスは以下のようである。

①細部にまでわたる同調圧力の徹底

マスクは子どもたちに「外しても良いけど。つけることを選択する」という黙示の強制力を体験させている。それは、「自由は義務を伴う」「他者に迷惑をかけてはいけない」「まず自分の責任を負え」「少数者は排除される」「多数決は正しい」「個性は許される範囲で」「言いたいことは言わないほうが自分のためだ」という言説と類似した同調圧力という枠組みによる。こうした具体的な身の処し方と習慣と惰性を子どもたちは身に付けた。マスク化社会は同調圧力の通底器をあらゆるところに形成することである。つまり、学校は今まで以上に学校化されたのである。

②表現の自由を制約することになった

物理的に口元に異物としてのマスクがあることで、子どもたちは話しにくくなっていたが、それに慣れた。話しにくさによる「表現の自粛」に慣れたのである。「マスクなしは恥ずかしい」と言って、マスクを取りたくないという子どもも少なくない。それは、「マスクは顔パンツ」と言われるように、マスクをしない自分の顔はさらけ出され、そこに違和感を感じるということだ。他者から見られる部分を少なくし、自分を防御したいのである。顔だけでなく、自分の考えや思い、喜怒哀楽の感情も「恥ずかしい」「知られたくない」という意識だ。

③息を吸って感染し、息を吐いて感染させると考えることで、自分の存在そのものに不安を持つ

子どもたちの中には「自分が友だちに感染させる加害者になりたくない」という子が少なくない。消毒をこまめにして、マスクを身に付けることによって、さらには距離を取って離れていなければ、安心安全な関係ができないと教えられる。

自分の存在そのものが「危険」で「脆弱」だと言う。それは、確実に生きるエネルギーを削ぐし、友だちとの楽しい集いから自分を遠ざける。安心できる友だちもいなくなる。生権力の論理からすれば、予防が強すぎて活動力が減じてしまうから、統治の効果は減じる。

当然だが、学校へ行きたがらない「行き渋り」が始まりやすく、不登校のハードルもかなり下がる。

④子ども同士でも「触れあうこと」は「危険」なので躊躇する

以前、コロナ禍の感染症対策として、ゴム手袋をしてフォークダンスをする高校生が紹介されていた。「笑うしかない」と私は思ったが、「笑っている場合じゃないのです。子どもも先生も真面目に考えてのことです」と叱責を受けてしまった。

そんなフォークダンスが楽しいのだろうかと思うのは私のような昭和の教員であり、今やそれ

を大騒ぎするようなことではないらしい。「不特定多数の友だちとナマで手を触れあい、握る」こと自体がとんでもないことらしい。

小学校でもすでに20年以上前から休み時間や体育の時間に、校庭で相撲をする子どもも先生も少なくなっていた。サッカーでぶつかることはあっても「ルールに則って」ならいいが、「おしくらまんじゅう」のようなワケの分からないカオスを楽しむことはなくなった。私自身が高学年の男子に「4の字固め」や「コブラツイスト」を教えてやろうと言っても「けっこうです」と断られるようになって20年たつ。

マスクは、見えないウイルスの存在の証でもある。いつの間にか、触れあうことへの禁忌をさらに大きくしていった。

⑤教員も子どもに触れなくなったし、触ろうとしなくなった

スキンシップはアタッチメント（愛着行動）の面からも重要であった。しかし、昨今のスクールセクハラへの警鐘を過剰に受けとめざるを得ず、さらに新型コロナ感染症の中でますます子どもとの触れあいを諦めざるを得ない。

従来なら、泣いている子どもをなぐさめたり、励ましたりするために小学生低学年くらいなら抱っこしたり頭をなでていたが、それは今「接触にはリスクが伴う」といわれている。子どもに触れずにどうやって慰めたり励ましたりするのか？という課題は大きい。言葉のやりとりだけで

済ませることしかできないが、人間の関係はそれで親密かつ良好になどならないのだ。本来なら、子どもがしんどそうなときは、ちょっと抱っこしてやるだけで随分気分が落ち着くのであるが、それは今危ういのでほぼできない。(註1)

2　デジタル教育の圧力と違和感　新シュルリアリズム？

教員A「GIGA主任！　子どものタブレットがフリーズしているんですが……」

教員B「GIGA主任！　私のタブレット、カーソルが動かないんですけど……、それと〈長押し〉ってどれくらいって子どもに説明すれば……」

教員C「子どものデータが消えているんですけどねえ、これって復活するんでしょうか？　かなり頑張ってやってたんで、ショックが大きすぎて……」

GIGA主任教員「あのね、とりあえず、強制再起動ですね。それで、様子見てください。あとねF5押してみてください。なんとかなるかもしれないですから。もうっ、いっぺんに聴かれたってね対応できないんだよ。私だって担任してるんだからね。学校をフリーズさせたい！　再起動なしで」

教員D「うわあ、シュールですね」

コロナ感染症対策の進む中、文部科学省はＧＩＧＡスクール構想のもと、全国の小中学校に「一人一台タブレット」政策を実施した。２０２２年には、全国の子どもたちが授業でタブレットを使い、コロナ感染症で学級閉鎖になると、自宅と学校をつなぐオンライン授業が試みられた。うまくいっている学校もあれば、そうでない学校もある。私は以前もこのタブレットの問題について述べてきたが、現在もトラブルは続いている。（註２）ネット環境の違いなどのデジタルディバイドが大きく、うまくいっている家庭もあれば、うまくいかない家庭もある。だが、いったいこのＧＩＧＡスクール構想による「学校デジタル化」とは一体何だろうか？　新自由主義におけるデジタル市場という面からは、子どもたちにとって、学校は市場であり、消費行動学習の場になっている。さらに、いくつかの視点のもとにかんがえてみたい。

①「紙媒体を駆逐」しても変わらぬ煩雑さ

欠席連絡は従来「連絡帳」「電話」「伝言」による。それをスマホからのメール、あるいはアプリケーションを使って行なうようになった。「いつまで紙なんですか？！」と言うのがデジタル化のかけ声の一つだが、これで、仕事がラクになるというのだ。しかし、とりあえずは、メールであれ、アプリであれ、入力と閲覧の手間は当然かかる。

しかし、子どもたちの欠席にはいろいろあって、コロナ感染症のときも、感染したのか濃厚接触者なのか、家族感染なのか、検査キットの結果はどうなのか、症状はどうなのか……等々。これは、結局のところ、どうやっても直接電話するか訪問しないと分からない。

「担任がすぐ見られる」というウリもあるが、実際にはアプリの立ち上げから、チェック、詳細を把握するかそのままにするか、兄弟関連等々、結局「すぐ見られる」がまとめて誰かが入力チェックして整理しなくてはならず「把握には時間はかかる」のである。これは産業社会における「逆生産の論理」であり、手間を減らそうとして手間が増えるのである。学校は「逆生産の論理」がいくつも見受けられる。教育を受ければ受けるほど、人間の生きる能力は低下するというのがイバン・イリイチのいうところだった。さしずめ便利さは個的な能力とトレードオフというところだ。

親も学校からの連絡・通知のメールをいちいちチェックできているわけではない。チェックを忘れて学級閉鎖なのに子どもが来校したり、持ち物が不十分だったり……いろいろとリアルには普通の不都合がでてくる。

さらに、学年便りなどもプリント配布をやめて、メールにＰＤＦ添付やリンクを張るということが始まった。慣れればそれでもなんとかよいが、それを送信するプラットフォームの不具合や重くて開かないとか、家庭によっては紙にして欲しいというところも出てきて、選択肢は煩雑に増える。家庭でも「冷蔵庫に貼らなければならない予定表プリント」は印刷しなくてはならないのだが、プリンターのない家庭もあるからやっかいになる。しかも、配布添付されたデータがきちんと整理されている家庭ばかりではない。だれでも、ディスクトップやホルダーに整理できるわけではない。「教員たちに言いたいんですよ、自分を基準にするなって」と保護者が言う。プリントなら重ねておけるのに、データーだとスマホから探すのに大変なんですという親からの声も聞く。昔から色々な親がいるのだ。

紙のプリントを精査して、本当に必要なものだけにして、全体に情報を減らせば良いんじゃないかという、本質的根本的な論議が必要なのだ。紙かデジタル化かということではない。デジタル化だから、逆に情報量に無頓着になるのである。

デジタル化は情報量を増やす。精査するための能力を鍛えるべきだというが、そもそも必要のない情報が多すぎないかという反省はない。

新自由主義的思考の中で「多様であっても一つ一つのボリュームが多く深ければ操作不可能になる」というリスクが見えていない。

②ICT教育先進校は「それなりの学校」である

私自身は、今のICT教育やGIGAスクール構想が義務教育学校にとって、いいものだとは考えていない。しかし、一万歩譲って、「よいもの」だとしても、その実践は「それなりの学校」でしかできない。つまり、「それなりの学校」とは大学の付属小中学校、地域で行政が力を入れている小中一貫校、特化された私立小中学校、つまり可処分所得の多い家庭の子が集まる学校である。超過勤務は当たり前の過酷な労働に耐えうる教職員のいる「意識の高い」系の学校である。

簡単に言うと、何をやってもそれなりに成果の出る学校である。「タブレットは文房具のような日常的な道具なのだ」という主張も現代社会のICT状況からなら、分からないではない。色々なGIGAスクールモデル校実践や報告等をネットで見れば分かるが、成功事例もたくさんある。しかしながら、正直、「頑張って工夫しているよ！　すごいね！」というアピール力は買うが、そこまでだ。

実は、これは今に始まった話ではない。いわゆる「研究指定校」は、研究していこうと職員みんなで決めたわけではなく、文部科学省や地方教育委員会が上から落としていくもので、その学校の教職員が喜んで受けるわけではない（もちろん、上記に述べたような小中一貫校や私学、大学付属の学校は別である）。

なぜなら、多忙の二乗になるからだ。日々忙しいのに、やれ研究授業だ、授業計画会議だ反省会だ、報告書のまとめだということで校内は慌ただしくなる。ある程度の覚悟が教職員にいるのだ。大抵の学校は、次年度から研究指定を受けるとなれば、校長は自分の思い通りに動く、いや、自分の気持ちを忖度してくれる後輩や、やる気のある教職員を年度末人事異動で引っ張ってくる場合もあるくらいで、質的にも量的にも過酷で多忙な仕事になる。公開研究授業などと言えばPTAすら校外からやってくる関係者の接待等にかり出される。

ましてや、GIGAスクール構想のように全国的に新規で旬な課題が与えられれば、教職員は大変なことになる。一般的な公立義務教育学校の地域性や住民の生活様態、家庭の可処分所得＝家庭内環境の差を超えて「簡単にとりくめる」ものは少ない。ＧＩＧＡスクールの研究には、事前に用意された、十分なデフォルト環境が必要なのだ。

公開研究などはプレゼンテーション能力に左右される。子どもで毎日右往左往している地域の普通の公立義務教育学校が回避したいのは当然だ。それは、部活動の地域移行といっても、地域によっては指導者が調達できず、いまだに実施が難しい現状であるのと同じだ。

③ＧＩＧＡスクール構想はテック企業の市場開発構想「ディスリアリズムの時代」

テック企業（ＩＣＴ産業、デジタル化に向けての製品・サービス商品等に関わる企業、最近は教育に関してはエドテックＥｄＴｅｃｈ企業と呼ぶ）の新しい市場としてＧＩＧＡスクール構想は捉えられている。コロナ感染症社会やマスク化社会の中で消費低迷と社会的な経済リスクが席巻する反面、ＧＩＧＡスクール構想には、かなりの公的資金が投入された。そもそも、「一人一台タブレット」などは、コロナ感染症社会にならなければ実現などしようがなかった。

タブレットはもちろんだが、オンライン授業に伴う様々なディバイスやアイテムは多種多様で、かつ、なくてはならないものであったり、あればもっと便利なものであったりするので限りがない。さらにＩＣＴ環境費用のラーニングコストも含めれば膨大な資金が流れる。新自由主義の世界では、「必要性の生産」と「選択の幻想」は極めて重要で、ＥｄＴｅｃｈ企業の消費者（子ども・教育関係者）は、市場構成員そのものである。

繰り返し更新し、インストールする学習ソフト、生活指導ソフト、コミュニケーションソフトもそれが適切かどうかを問うまもなく、教職員が知らない間に一斉に市町単位で導入されることが多く、「使い方や指導の仕方はインストールしてから考えましょう」となってきた。データの取り扱いやセキュリティについても「商品説明」を読む時間もなく「了承」することになる。膨大な子どもたちのログやデータは「ビッグデータ」やクラウドという雲の中に存在して、その管理もリアルにはつかめない。責任の所在を明確にしないし、リスク管理も学校現場では誰も把握していないのではないか。

今は「ＧＩＧＡスクールの更新需要」が話題になっている。[註3] 最初からタブレットは「小学校では同じものを持ち上がっていく、６年生が卒業したらそれを新一年生に回す」など言っていたが、６年間もタブレットを使い回しできるはずがない。そんなことは最初から分かっている。企業はすでに次世代にどんな学校のタブレットが良いか更新需要の開拓に入っているのだ。「お勧めセールス」が、教育委員会の決定権を持つ人たちにすでに始まっているであろうし、利権の影も予測するに難くない。後の祭り的東京オリンピック２０２０のような「癒着と談合」についても「あるある話」になるだろう。

④デジタル化の落とし穴

「デジタルシティズンシップ教育」が学校では少しずつ意識され始めた。大まかに言うと、ICTとデジタルに関するモラル、ルール、政治性、リテラシーという学習でデジタル化への態度やツールの使い方を育て、リテラシーを身につけていこうとする教育である。

それらは当然必要なのだが、現代社会の中で「生活世界のデジタル化」がもたらす「宿痾」についてはナ分考えていかなければならない。それは、現代産業社会が合理化と効率化の中で、安心安全便利快適簡単コスパを価値観の基本にすえてしまっていることで見失い、本来人間にとって重要なモノとコトを消失させてしまっていないのか?ということだ。

メールやSNS、チャットなど多くのコミュニケーションツールが、文章や会話の中身と質もかえてしまうことは誰しも経験している。学校で仕事をしていると、「子どもたちは文章が書けなくなった」という声を少なからず聴く。もちろん、「そんな話は、昔からだ」と言えなくもない。だが、現在のそれは「文章の読み書き全般」に感じる「加速化する退行」という印象なのだ。

教科書だけでなく、文字そのものに疎外感を味わっている子どもも多い。もっと言えば、「スクロールするのが面倒くさい」と感じない程度の長さで「簡単明瞭」に「わかりやすくシンプル」に「白か黒かはっきりと」させるような内容と文体でないと読めないということだ。当然、手書きの手紙のやりとりができないのである。「手書き、それって昭和ですよね」なのだ。

今はＧＩＧＡスクール構想と言えば、学校への資材導入はなんでも許容される時代だ。しかも教職員は、十分な研修・練習もできず見切り発車される。タブレット端末やＩＣＴ教育の是非はともかく、新しい教育の課題・ツールを教職員が理解して利用するには、その適切性、利便性の是非、教育的効果の検討、リスクヘッジなどが同時進行で丁寧に行なわれなければならない。それが全くできていないと感じるのは私だけだろうか？　テック企業は競って学校教育へ参入しようとしているが、受け取る側は相当慎重になるべきだ。

最近名古屋市では「子どもの個的な情報の経年累積ソフト」が導入されようとしている。生活指導上の問題や事件、トラブル等々を毎年でなく「毎日」入力することができ、不登校対策などの「問題解決に役立てるデーターベース」というものだ。会議を充実させ、効率よくし、子どもトラブルへの対応を適切にするというプレゼンテーションだけは華々しいのだが。

今後、推進されるデジタル化はＶＲ（仮想現実）やＡＲ（拡張現実）、ＭＲ（複合現実）を伴い、メタバースという次元まで拡張されていくだろう。子どもたちにとって、リアルと非現実の差異のもたらす、特に身体性についての影響は大きい。体に触れ、体感を重視し、人と人が間をつなぐ、まさに人間として生きていくそのありようが拡張するのか閉塞するのか置換するのか……リアルとどうやって向き合うのか。子どもたちや教職員が学校生活のリアルと今後どう向き合っていけば良いのかという、混沌とした時代に突入していく危機感や緊張感が今のＧＩＧＡスクール構想にはない。アラジンは魔法のランプをこすったが、今の子どもたちはタップするだけでいいのだ……魔神は現れるのか？

　これからのデジタル社会は、ハプティクス（感触を産み出す機能）の徹底が、新しいリアルを創り出すのだろうか？　さらに「個人」はどこまで拡張されるのだろうか？　リアルの私はどこ？　それは「新シュルリアリズムの時代」というよりは「ディスリアリズムの時代」なのかもしれない。

3　働き方「改悪」の時代——労働闘争の時代へ

　教育委員会「時間外勤務は先生方の『自主的・自発的・創造的なもの』であって、決して、校長による命令ではないのです。従って、超過勤務手当は出ません」
　普通の先生「では、自主的・自発的というのなら、別にやらなくても違法ではないですし、別にいいんですよね？」
　教育委員会「いやいや、『時間が来たらやめる』ってそれでいいんですか？教員としてのプライドが傷つくでしょう。子どものために自主的自発的に頑張ってください。子どもだって、先生方の指導でやりたくなくても、進んで取り組むようになっているんですから……。それを良い子たちだなぁって

「言ってるじゃないですか。良い先生になってくださいよ」

新自由主義は「労働者の雇用変動」を「労働力の流動化」と称し、「合理化解雇」を「コスト削減」と言い換えている。「経営革命」は「経営責任者の追放」でもなく、「イノベーション」は、それまでの「責任者の追求とリーダーの交代」だと思っていたら、「小手先変更」に過ぎなかった。学校では非正規雇用が教職員の半数にもなろうとし、教員志望が激減している中で、「労働条件の改善」とか「賃金アップ」など絵空事に聞こえる。まずは、現状から考えてみたい。

文部科学省は「学校における働き方改革」を推進しているが、なかなか改善されていない。一方では、労働基準法の改正で「残業の規制」が罰則付きでかけられてきている。労働時間の延長限度時間は、月45時間、年360時間（労基法36条4項）である。公立学校教職員も労働基準法のこの部分は「適用除外」ではない。それを受けて人事院規則も、同様の上限規制を設けた。ご承知のように公立学校の教員はその残業に賃金は出ない。ところが、依然としてほとんどの学校はその規制すら守られず、未だに一日平均2～3時間の超過勤務と、1時間程度の持ち帰り残業がある（日本教職員組合調べ2022年12月）。[註4]

①労働時間の軽視

働き方改革がなぜ進まないのかについては、私の結論は文部科学省やそれに付き従う地教委が、労働量を減じることを視野に入れず、すべて教職員に押しつけているからで、同時に私たちが、それに反対しない従順な労働者になっているからだ。誤解を怖れず言えば教員自身も長時間労働の「構造的共犯関係」になっているからだ。労働時間の契約の本質は労働に関する「身心の拘束時間」であり、それ以上でも以下でもない。

「私たち教員は、子どものために長時間頑張っているのだから、もう少し、当局も考えてくれなくては困る」という耳当たりのいい話はなんの役にも立たない。子どものために頑張る8時間分の賃金をもらっていることだけが契約事実である。ボランティアや聖職ではない。仕事をやめたら給与がなくなり生活ができなくなるという当たり前の話だ。

仕事が8時間（正確には7時間45分）で終わらないのだから、労働者でなく、雇用者が仕事を減らして、それが適わなければ労働者は労働時間外の仕事を「放置する」ほかない。雇用者側は、所定労働時間内に仕事が終わらなければ人を雇うか、残業代をたっぷり出すしかない。それができなければ、仕事の発注を減じるしかない。

良い仕事も悪い仕事も8時間はするが、それ以外は仕事をしない・させないのが原則である。仕事人としての評価、例えば、よい教員かわるい教員かという論議は、この労働時間と超過勤務について言えば、まったく関係ない。勤務時間内はよい仕事をしようというのは普通のモラルである。また勤務時間外の生活は原則、仕事には関係ないし、市民としてのモラル問題だけである。

お金＝賃金を渋り、労働者なんて安く使えるだけ使えば良いんだと思っている雇用者側は、黙って働く労働者を軽蔑こそすれ、尊敬などしないし、真剣に健康や福祉に配慮などしてくれないのが普通だ。労働者が、ごねたり、文句を言えば、多少は考えてくれる。むろん、長時間労働をさせてはならないと自覚している、極少数の例外の雇用者もいるだろうが。

労働基準法は労働条件の最低基準であり、これ以下は違法であり罰則もあるという厳しい法律だ。今の文部科学省や教育委員会、校長たちは違法状態を放置すればその罪を問われるし、違法に黙っていれば、公務員の告発義務違反（地公法34条1項）となる。

②労働時間の無視は労働倫理に反するのか？

労働条件に対する鈍感さは「過酷な実態の改善」にブレーキをかけるのでなく、煽ることさえある。私自身が経験したのだが、定時退勤をすると「そんなに早く帰ってどうするのだ？」とか「みんなは遅くまで頑張っているのに心が痛まないのか？」という奴隷根性の全面展開をする教職員がいるのだ。若い教員に聞くと「定時退勤なんかしたら、あとで何を言われるか分からない」と怖がっているが、そうした意識下では働き方改革はほとんど無理だろうとしか言いようがない。

私自身は「定時で帰らなかったら所定労働時間を決める意味がない」とか「遅くまで仕事だと言って帰らないのは、よほど家が居づらいのですねえ」「校長は勤務時間内に仕事が終わるように調整してください」と丁寧に受け答えていた。

「子どもを対象に良きサービス労働をする」ということと「労働時間の厳守」は次元の違う問題なのだ。とくによく聞く「仕事の能力のない人が遅くまで仕事をしている」という言い方も「印象批評」であり労働時間問題ではない。労働時間は労働契約上の基本原則であり、何人もそれを守らねばならない【羈束行為】であり、健康に生きるための最低条件なのである。

「仕事遂行の能力」は職場で養成したり、管理職の指導や管理責任である。実際には仲間どうしの協力などで、現場で折り合いをつけるものなのだ。「仕事ができない」と断じて、そういう人は遅くまでやって当たり前という考え方は「名誉白人志向根性」と言って良い。

③働き方改革をＩＣＴでなんとかできる……はずがない

「デジタル化で働き方改革を！」というかけ声ほどむなしいものはない。「打ち合わせを紙でなくデジタルのタブレットですませば時間短縮になる」ということで、朝の職員打ち合わせをやめてしまった学校が名古屋市でも増えている。しかし、やめたのは「タイムリーかつ大事な案件の打ち合わせ」だった。朝、教室で迎えた子どもからの「気になる情報」や、配慮しなければならない子どもの様子を朝の打ち合わせで相談できずに困っている教員も多い。今は、もう朝の打ち合わせがないので、緊急的に相談することも「あきらめて」しまっている。

「朝の打ち合わせがない分、ゆとりができた」というのは、前に研究指定校の措置で述べた、それができる「それなりの学校」だからだ。正直、教室と職員室を行ったり来たりしながら、あるいは、インターホンで教室と職員室をつないで連絡することが多くなっている学校は、あえてリアルに集まる打ち合わせが必要なのだ。

子どものことで保護者からの連絡を電話で聞いた教員が、他の職員に詳しく伝えることもよくある。相談したいときや、気になる子どもの欠席が多くなっていても、「メモしました」とか「朝のタブレットに書き込んだ」とかでは意思の疎通が難しい。なかには「連絡文章が長すぎて読めない」「簡単すぎて何のことか……えっ、私の学年も関係あるんですか？」という「チーム学校」が泣くような事態もよくある。リアルな場面での詳細で複雑な把握がデジタルでは難しい。

ＩＣＴによる、コミュニケーションの煩雑化と空洞化が出てきている。まさに、逆生産の論理である。コミュニケーションは情報の伝達だけでなく、情緒の伝達も必要なのだ。

④世論に訴えることの有用性と限界

今時は、保護者も「先生が忙しい」とか「ブラック労働」だということは知っている。以前にくらべ、教員の仕事の過酷さやリスクについて理解が深まったように見える。ネットやＳＮＳで「学校教員の苦しさ」をつぶやくことも普通になっているし、それを保護者や市民が目にすることも多い。理解は深まった……のだろう、多分、おそらく、きっと。

しかし、保護者たちが校長に「先生たちのこの忙しさをなんとかしろ！　こんなことでいいのか！」と言いに学校へ来てくれるわけでもないし、教育委員会にかけあったり、文部科学省へ押しかけたりして抗議行動をしてくれるわけではない。あるいは、ＰＴＡ新聞に、「過酷な先生たちの声」を掲載してくれるわけでもない。

教育改革で鳴り物入りでつくられた「地域住民による学校評価議会」に多忙化の解消が積極的に課題として出されることもない。ましてや、学校評議員が教職員の過酷な労働実態について改善要求書を教育委員会に提出したという話も聞かない。

つまり、Ｔｗｉｔｔｅｒ的ＳＮＳの世論は高まっているかもしれないが、それ以上でも以下でもない。我が子の担任が過酷な長時間勤務が理由で病気になり学校を休んだとしても、同情こそすれ、なぜ病休になるほど働かせたのだ？　どうして精神的疾患になってしまったのか？と管理者である学校長を問い詰めたり糾弾したりはしない。せいぜい「校長先生も大変ですねえ」というリップサービスくらいだ。「そんなヤワな先生じゃ困るなあ、家の子どもの学習権がぁぁ～」などと言われかねない。

⑤現場的労働組合と労働法

１９７０年代までの日教組運動など組合活動の意義について繰り返すことはしない。組合の運動は大きな国民運動として戦後日本の民主主義形成の一翼を担ってきた。無論、全部正しいとか、全部素晴らしかったというつもりは、まったくない。実際、「公立の義務教育諸学校等の教育職員の給与等に関する特別措置法」について、曖昧な決着をつけてしまったことによって今の過酷な長時間労働が生み出されてしまったという「汚点」は避けて通れない。また文科省と日教組の当時の覚え書き(註5)を破棄されてしまったことは大きな問題である。新自由主義が学校教育に為した耐えがたい教育改革を厳しく批判するのは労働組合の役割の一つだったはずだ。しかし、それは果たし得なかった。

しかし、現代の政治的対立は右か左かというほど簡単ではない。もっと言うなら、二項対立で簡単明瞭に語る人ほど、ねじれた現実の複雑性を無視した思考に陥ってしまう。過酷な長時間労働に賛成する人はいないのに、現場の声に根ざした改善や改革が困難を極めている。つまり、簡単に言うなら「現場の困難性の克服」という課題に真剣に向き合っていない。免罪符づくりのような「ＩＣＴの普及で働き方改革の実現を」などという非現実的で、「やった感」だけの効果のない施策に巻き込まれ、みんな翻弄されて、無力感に支配されていくのだ。

現場の我々労働者が組合費を納めておけばそれでオシマイという考えにとどまっている限り、職場の改善に組合本部が取り組もうとしても、当局としっかりと対峙しなければ、なかなか成果が出ないのも確かだ。逆に、真面目な執行部がなんとか労働者としての尊厳を守ろうとしても、現場の組合員の権利意識低下に愕然としてしまうこともあるだろう。労働組合は組合員が主体的に活動しなかったら何も変わらないし、単なる「親睦会」に堕するだけだ。

そこで今なし得るのは、現場の課題を少人数でも共闘可能な形で繋がることしかない。私自身は一九八八年から「職員団体」(通常、公務員労働者はいわゆる「労働組合」と呼ばれないが、二人でも登録でき、職員団体を結成し登録できる）を組織した。法律上も交渉権と団結権があるのだ（地方公務員法第55条）。職場では私一人しか組合員はいなかったが、それはどうでもよかった。まともに使用者（教育委員会であり校長である）と交渉することが目標であったし、簡単に言えば「まず、自分の周りの労働条件を法律通りに改善しよう」ということだった。当然、定時退勤は遵法なので認められる。詳細はここでは述べないが、それなりに変えようと思えば変えられる。「組合は何もしてくれない」とか「労働組合には展望はない」と自嘲的に断じる前に自分が主体的に、身近な仲間と一緒に対話しながら改善に動けばいいということであり、自分の「やる気スイッチ」をオンにするしか道はない。戦い方を主体的・対話的に深く学ぶのだ。

　過酷な労働への対抗理念は労働基準法などの法理念であり、「労働法が是正しようと努めてきたのは、まずなによりも状況の不平等であり、なかでも第一に労働契約の当事者間の経済的不平等である。労働法はまた同じく、あらゆる処遇の不平等を差別の名のもとに禁じてきた」（アラン・シュピオ（註6））という原則に従えばよい。

4　子どものからだは動かない――心と身体の解放と遊び

子ども「先生、今日の体育は何をするのですか?」
先生「もちろん楽しい体育です、みんなでうんと遊びましょう」
子ども「エーッ! いいんですか?」
先生「体育倉庫のボールなど、何を使ってもいいから、遊んで良いよぉ〜」
子ども「すごい、やったぁ〜、自由体育だぁ〜」
他の先生「先生、いいんですか? 危なくないですか?」
先生「いいんですよ、子どもですから……」
他の先生「シンプルなお考えですねえ」

学校における子どもの管理=統治は、1990年代からの教育改革の中で「規律訓練型指導と同時に、環境管理型指導も複合的に展開していくようになった」と私は考えている。従来から、子どもの体は学校の中で強制型の規律訓練(ディシプリン)の対象とされてきた。現在も従来通り「気をつけ」等々の身体訓練は相変わらず実施されながらも、一方で「自分で考えて動こう」「自分で周りを見て適切に工夫し行動しよう」という指導もされている。

新自由主義的効率重視の価値意識では教育の「集団で動くことのコスパの悪さ」も修正されなければならないし、「集団からはみ出る者には最小限の指導エネルギー投下」ですませるか、ゾーニングして「適切な支援」という排除を選択するような指導もされてきている。

ただ、そうした指導する側の思惑とは別に、子どもたちの身体・感覚は産業社会の高度化とデジタル社会の浸食で変わらざるを得なくなってきているようだ。身体が強制型ディシプリンも受容できないリキッド型になりつつあるようにも感じる。

結論的な言い方をすれば「コロナ三密回避と室内デジタル（ゲーム）機会の増加は、子どもたちの身体的な遊びの激減を招き、身体の力を低下させ、集合的身体による活動的な人間のつながりをも貧困にした」のだ。そして、安心安全便利快適簡単コスパの社会は「つながりの貧困によって、個の敵対関係や損得関係を顕著にして、人間を限りなく分断する」ようになっていった。

①表情の貧しさと感情への想像力の減退

道徳教育の授業がむなしいのは、現実生活の葛藤やジレンマなどの感情の機微を取り上げることが難しいからだ。授業でのテーマは比較的形式的に、かつ教科書的に論じることができる。そして結論を導き出すのも難しくない。たとえば「自由には責任が伴います」みたいな理念を「授業のまとめ」にするという安易なことも多い。

あるいは、有名な「星野君の二塁打」のような物語教材を使い、実際に野球をやっている子どもたちの競争原理とルールへの認識がまるでリアルでないところに、ジレンマを抱えたまま意見交流が行なわれることが多い授業もある。「オープンエンドですね」という「やった感」だけを出して終わっているような授業。いろいろと興味深い。

「廊下を走らない」という訓育的授業が終わると同時に「休み時間だぁー」と運動場に向かって、廊下をダーッと走っていく子どもたちのような「タテマエとホンネの身体感覚」とでも言えるものがある。しかし自分の本当のリアルな感覚や気持ちを表出することは子どもたちにとって重いモノになってきた。

マスクがどの程度、今後「撤去」されるのか分からないが、マスクで隠していた「自分らしさ」をいかにして、みんなの前で「再登録」するしていくかという、けっこう重い課題を子どもたちは課せられてしまった。

文部科学省のいう「主体的・対話的で深い学び」で述べられている文科語法（文部科学省の教育用語と文法）の空虚さは別として、「主体的」という言葉でイメージできるような状況を「避ける」ように身構えてしまう子どもたちが目立っている。つまり、あえて自己決定をせずに自己責任を回避したいというのは「自己表出への危機感」の現れでもある。

学級委員長、生徒会や児童会、部長、リーダー等々の責任は回避したいという空気が教室には蔓延する。もちろん、一部の「それなりの学校」は、自己顕示やチャレンジ精神が「優秀であることの証左」だということを熟知しているので回避などしない。

子どもたちにリーダーに立候補してみない?と促すと、ほぼ「無理!」の一言だ。あるいは「いやー、私なんかそんなキャラじゃない」というキャラ問題になる。そもそもリーダーになることは、チャレンジであり、流行の「主体的・対話的」な方向目標を持ち、それに向かっていくことが「やりがい」になるからなのだが……。実際に立候補などしようものなら、「よくやるなあ」という賞賛やリスペクトより、なんらかの「軽蔑」「嫉妬」「あきれる」「自分に回ってこなくて助かった」、あるいは「お疲れ様」と他人事のように傍観するのが多数である。

子どもたちの話を聞いているとリーダーになれば「学級内の人間の調整が難しい」とか「みんなが何考えているか分からないので怖い」「失敗したらリスクが大きい」、そして「コスパやタイパが悪い」とまで言う子どもたちがいる。「勉強で忙しい」とか「塾で時間が取れない」などと言う子どもは実際には極少数。堂々と快活に話をしているように見える子どもたちも、内心は複雑である。

友だちとのコミュニケーションに対する自信のなさは半端ではない。私としては「自信よりチャレンジ精神」を期待しているのだが。空気が読めないほうが「とりあえずやってみる」リーダーに向いているかも知れないなどと思ってしまう。

②身体接触の忌避と回避

コロナ感染症対策の三密の影響も考えられるが、子どもたちは身体接触を嫌うようになり、低学年では身体接触のトラブルも多くなっている。身体接触のゲームでは喧嘩も多くなる。鬼ごっこですら、鬼がタッチした・しないで常時もめてしまう。今までも、そうしたトラブルは普通にあった。しかし、集団的な外遊びを繰り返すうちに、対応を学んでいったが、最近はトラブルの数が半端でない。今までなら、紛らわしいのはじゃんけんで決めようとか、どちらかが折れる・押し切られる感じで、ゲームを中断するよりも続けたほうが楽しめるので決着は早かった。そして、自分に不利（損）だからとキレて、些細なことにもすぐに「苦情を言う＝ブーたれる」子どもは、少しずつみんなから軽んじられ、その子どももそれに気づき自覚しながら、公正さを尊重しつつも、耐性を鍛え、トラブルをやりすごすことを覚えていく術を学んだ。

しかし、最近は人と人の身体を含む関係を「ほどほどに調整する」ことが難しい子どもが多い。「勝つ―負ける」「反則―反則でない」「アウトかセーフか」など二項対立にこだわりすぎ、自分の思いにこだわり、両者での譲り合いはなく、なかなか決着が難しい。理屈がいらない身体のぶつかり合いは、感情のコントロールを伴うという当然のことをあらためて痛感する。

さらに近年は親たち（祖父母も含む）が、トラブルに参入する。「運動会の短距離走順位の決定に写真判定を導入してください」というような。

高学年のバスケットやサッカーなど身体接触ゲームになると、今度は運動の得意な子どもたちに遠慮して、得意でない子は何もしない。自分が下手でもないのに「ボールを回さなくていいよ」とまで言う。そう言われても、「一緒にやるんだよ！」と言ってくれる子どもより、「そうだよね」と同意する子どもが増える。あるいは、相手を選ばずに厳しいボディアタックをするなど、「少しは相手を見て考えろよ」と言いたくなるケースも目立つ。

もともと高度成長期以降、子どもたちは身体を使った集団の外遊びをする機会が急激に少なくなってきた。さらにコロナ感染症対策以降、生活全体が安心安全を基本にしているので、外遊びは限りなくリスクの高いものとして避けられる。コロナ感染症対策のために、公園の遊具も使えない時期があったが、不審者回避も言われるようになり、外遊びは限りなく縮小された。

本来は砂や泥にまみれて、大人の監視の外で、時間を忘れ遊ぶという経験が子どもには不可欠なのだが、今の親たちの多くは安心安全＋清潔が子どもには必要不可欠で優先順位が高いので、子どもたちはひたすら囲われた中での身体非接触の三密の檻の中に入れられている。

体育の授業では身体接触を伴うゲームが楽しくても、同時に起きる「誰かにころばされた」とか「誰かに突き飛ばされた」などとすぐに訴えてくる子どもと同時進行で保護者からの苦情に頭を抱える時代になってきているのである。

③柔軟に「溶解」するディシプリン

子どもたちは「気をつけができない」「並べない」「話が聞けない」「動けない」などということが珍しくなくなってきた。以前なら、管理主義教育と言われた軍事教練のような規律訓練を批判してきた私は「いいことだ！」と思った。しかし、今は、ふと、彼らはきっと「抗議デモ」も難しいかも知れないと思う。

学校は身体のディシプリン（規律訓練・身体修養）を集団的に行なう。これは善し悪しを別にして制度の統治技術として行なっている。抗議デモも軍事教練も一定の集団的ディシプリンが必要である。そこで形成されるのは学校的身体である。多様なディシプリンがあり、指揮命令ツールも硬派な「号令」もあれば、ソフトな「音楽」もある。

私は以前から体育では、笛を使わない、必要なとき以外は並ぶことを強いないようにしてきた。「みんな集まってください」と言えば集まってくれたし、「テキトウに座って聞いてください」と言えばそれで済んだ。あえて、ビシッと並ぶ必要などなかったのだ。いわゆる体育座りを指導したこともなかった。体育だけでなく、教室で話を聞いていない子が多少いても気にならない。なぜなら、周りを見ていっしょに動けば良いし、必要があれば友だちに聞く。つまり、集合的身体のディシプリンを最小限にすることはできた。

だが、今は「みんな集まってください」と言っても、なかなか集まれない。「テキトウに集まってください」と言っても、「テキトウ」がわからず、どうしたらいいか迷っている子も多い。基本的で適度な集合的身体が育っていないのだ。

「集合感覚」自体がなく、バラバラなのである。前項で述べた身体接触トラブルも別の角度から見れば集合的身体が育つ機会がない。だから全体に、「幼い＝未熟」なのである。とりわけ、幼保から小学校へ入学してきた低学年はこの3年間のコロナ感染症対策の三密回避の徹底で「集まって動く」という体験がいつもに比べ少なかったからかもしれない。

では昔の管理主義的な方法で指導すれば良いのか？　そうなれば、今度は「言われなければなにもしない」「言われた通りしかできない」という不能化した集合的身体を身に付けることになる。自分たちで考えたり、試行錯誤したりすることを嫌うのである。その指導には気が遠くなるほどの時間と手間とエネルギーが必要になる。今さらだが、そうした根本的な原因は地域や学校の休み時間での「群れる外遊びの減少」に尽きると思う。

④「外遊び」の消失　体育・トレーニングは遊びの代わりにはならない

現代社会の健康論は医師、トレーナー、運動学などの専門家が様々な情報を発信し、私たちは検査、チェック、カウンセリングなどを通して「健康」に配慮し、生活習慣などを気にしつつ暮らしている。

様々なコロナ感染症対策によって運動する機会が減り、子どもたちの体力が低下したと文部科学省も報告しているし、そうした実感もある。しかし、以前から私は指摘してきたのだが、体力低下と喧伝するときの「体力」とは何かという根本的な問いが必要なのである。それを安易に「運動能力テストの成果」だと思い込んではならない。それは単に一つの数値化された指標にすぎない。子どもたちの身体能力（とりあえず体力と言っても良いが）は、数値化された近代スポーツの成績や記録とは別物なのだ。

体育の授業や体力づくりで養う筋力、持久力などの部分的な身体能力の開発は、身体機能の分断をすすめ、分析的体力に帰着し、生きる力として、生活を充実させる全体的な身体の力とは異なっている。3000mを走る持久力と、仕事で物を運搬するときの「持久力」は別物なのだ。

子どもにとって、遊びの意義は語り尽くせないほど多くあるのでここでは詳細に述べないが、一つだけ集合的身体に関わって述べてみる。

集団性が伴う子どもの遊びは、「自由と危険」がセットになっており、自由の解放感と、危険のドキドキ感を仲間と一緒に体験することにより人間関係の作り方を体験しながら学ぶ。それがリアル体験的学習の極みであり、「正しいこと・安全なこと・安心なこと」だけでなく、悪さを体験してモラルを学び、危険なことを体験し危機意識や危機感を実感する。さらに、不安な場面で仲間の存在の必要性も知ることができ、耐性も育てる。

子どもが遊べなくなったのは、「安心安全便利快適簡単コスパ」の現代社会の価値の枠組みが強くなりすぎたからで、リスクへの過剰な回避が社会に蔓延しているからだ。当然、リスクを伴うチャレンジも回避する。子どもの問題は常に大人の問題なのである。リスクゼロは「生きている死」とでも言えるような子どもの活動停止につながる。

5　学校化される不登校――多様な個性の自己責任

校長「不登校の子どもたちを、早期発見早期指導したいので、子どもたちの生活の記録や家族の問題など、どんどん書き込んで、累積するソフトを購入しましたので活用してください」
先生「プライバシーとか、教員の偏見とか、いろいろと入力しちゃっていいのですか？　しかも、ずーっとクラウドにあがってるんですよね」
校長「大丈夫、もう不登校児童生徒を教室に戻すことを目的にする時代は終わりました。その子にあった場所で、その子にあったケアをすればいいのです。それに、わが校はそういう子どもたちの居場所を特別支援学級の隣につくりましたからね。不登校の率も下がり、まさにインクルーシブ教育ですよ。ワッハッハ」
先生「それ、インクルーシブでも、なんでもないと思うんですが……」

コロナ禍の3年間で、不登校の数がかなり増加した記録が公表された。確かに私自身も増えているという実感がある。不登校の子どもたちの保護者からの相談は増えているし、不登校についての学習会にもよく呼ばれるようになった。
1980年代に見られたような、積極的な「登校の拒否」であれば、学校制度や押しつけられた学習への拒否・批判というはっきりした意思表示があったし、学校のオールタナティヴを模索する前向きのエネルギーが見えていた。むろん、その時代も、そういう子どもは多くはなく、少数の子どもたちであった。したがって、不登校も学校を相対化し、学校の絶対化や教育の独占に歯止めをかけたり、教育や学習の選択肢を広げる意味で、歓迎されるべき側面もあると言いたいのだが、今現在、多くの不登校当事者はそれほど単純な情況ではない。

中には自分が不登校（登校拒否）であることをウリにしてＹｏｕＴｕｂｅで元気に発信できる子どももいるようだが、みんながそれほど元気になれることもないし、学校へのこだわりがあっさりと払拭できるわけでもない。登校へのこだわりが不登校のしんどさの一つの因子なのだが、「なんとか登校したい」と言う子どもはまだまだ多いのである。

私は不登校になる原因や引き金は、学校や家庭、社会のいたるところにあると考えている。だから、「不登校の理由は様々で複雑なのだ」ということをまず言っておきたい。それを前提として、現在の不登校事情から見えてくるものをいくつか上げておく。

①不登校の増加はコロナ問題なのか？

不登校増加の原因として、コロナ感染症対策によって「母子分離が難しくなった」という話をよく聞く。昔から、この「母子分離の難しさ」はよく言われてきた。その是非はともかく、コロナ感染症対策の時代、子どもたちの不安や孤独感、いらだちや感染恐怖などが高まり、しかも家庭にいる時間が長くなったのは確かだ。

外へ出て友だちと遊び、社会性を身に付ける子どもたちが、コロナ禍不安で「親子の密着」による安心を求めて、学校へ行きづらくなったということもわからないではない。ある種の「安心への欲求」は幼い子どもの「甘え」（愛着行動）と捉えられるし、「依存」でもあるから、まったく的を射ていないとは言えない。可能性としてはあるだろう。

加えて、三密回避で感染症対策している学校でさえも、「学校が感染の温床になっている」という親の心配で学校へ行かせないという判断もある。実際には、そういった不登校はそれほど多くはないし、一時的なものである。

私が最初に考えたのは、学校へ行くことが、今までもしんどくて、「なんとかがんばって登校していた子どもたち」が一気に不登校に向かったと考える。ここ3年は、一斉休校もあるし、学級・学年閉鎖は今まで以上に多い。オンライン授業はリアル授業の代わりにはならないのだが、それでもオンライン授業を受けていることで「学校を休むハードルは下がる」のである。実際には、オンライン授業は「やらないよりはまし」程度でしかないことがわかるが、「不登校であっても学習は保障される」という免罪符としては使える。

さらに2020年春の学校休校をきっかけに、コロナ禍では「何事も無理をしないこと」や、理由はともかく「無理に登校しなくて良い」がデフォルトになった。ところが、「学校へ行ってくれないと仕事に行けない」という気持ちを抑えて悩む親も多い。エッセンシャル・ワークにたずさわる親たちや、非正規労働で生活を維持してる家族も不登校では困るのだ。

こうした中で、学校へ行くのが面倒くさいとか、嫌な授業を受けたくない、友だちの言動が気になる……等々、端から見れば「今さら何を」と思うことでも、子どもたちにとっては「行きづらさ」であり「生きづらさ」になる。何かと緊張してしまう学校より、刺激や強制の少ない、落ち着いた、気をつかわなくてもいい家庭にいるほうが気分は楽である。

基本的に、学校へ行くためには、まず「元気」でなければならない。そのことははっきりしている。「もともと子どもは元気なものだ」というのは昭和から平成初期までの話である。よく、祖父母たち（親ではなく）が、「家にいたらつまらないだろう、学校のほうが友だちもいるし、楽しいはずだ」と躊躇なく言うことがある。もちろん、それが望ましいのかも知れないが、今やノー天気に「学校は楽しい」と言えなくなってしまったのである。おそらく昭和時代の子どもだって「勉強が楽しかった」わけではないだろう。ほとんどは、友だちとの遊びが楽しかったのである。つまり、今は、子ども同士の人間関係調整、子どもの気持ちをおしはかる教員の想像力など、学校のほうが楽しいと言えるようにするためには相当な「努力」が必要なのである。多くの子どもたちが、何も考えずに、ただ無邪気に遊んでいた時代ではもうない。

②「居場所」の課題

　学校以外の子どもの居場所というのは、エネルギーを充電する場所と考えるべきだ。とりあえず、色々なストレスや抑圧を減らして（ゼロにはならないが）自分自身で元気をとりもどすということである。それは、とりあえずの「逃げ場所」でもあり、一時的な「立ちのき場」であり、「元気補給充電」の場所である。

　しかし、不登校の子どもたちのだれもが学校以外の居場所に行けるわけではない。居場所といっても他に子どもたちがたくさんいれば、そこでずっと孤立して、個室に入っているわけにはいかない。時間がかかっても、他の子どもたちやスタッフと過ごしながら、「仲間としての所属感」が持てるようにしないと、居場所といえども、楽しいかは別として、エネルギーを充電することはできない。

　さらに、居場所では子どもが安心できるような配慮が必要になる。学校へ行けるようになるための、ステップと考えることもあっていいが、それが第一義的ではない。学校や友だちと自分の関係性を変えていかなければ学校へは行けない。

　たとえば、自分の嫌いで苦手な友だちや、ちょっと怖い先生が「いなくなれば行けるだろう」という「人的環境が変われば行けるようになる」と不登校の子どもたちは思っていることがある。ことはそれほど簡単ではないのだ。同時に「自分だけ学校に行けない」ということに強い負い目もある。みんなが行けているのにどうして自分は行けないのかという、「みんなと同じような態度に標準化しなければ」という強迫観念がある。とにかく、彼らは複雑で苦しいジレンマを抱えているのだ。

「人それぞれで、学校だけが人生じゃないしね」というのは正しく、ほぼ普遍的なことなのだが、それを理解し受け入れることは子どもには荷が重い。学校や先生、乱暴な子どもたちに対する拒否や怒り、怖れを、どうやって自分の中で折り合いをつけるのか。毎朝、「こんなキツイ気分で、なぜ学校へ行かねばならないのか」と自分なりに答えを出すこと、しかも、その答えに自信が持てるほど納得できる社会性を持たせ、一種の自信、居直り、決断として行動できるようになるには時間と手間、煩悶、周囲の協力が必要となる。本当は、「学校とは何か？」に疑問を持つことは、生きることに深みを持たせることにもなるのだと私は捉えているが、それが理解できるほど子どもは成熟していない、もちろん親だって。

自分一人で抱え込まず、気の置けない他者（親以外の）と関わる場所が不登校の子どもたちには必要なのだ。そのためにも「居場所」は必要であり、とりあえずは費用や運営費など公的支援をすることが行政の喫緊の課題である。

最近では、学校関係者のほうが「不登校なら『フリースクール』や『居場所』へ行けばいいいんじゃないですか」と安易に言う。「学校とは何か？」を問うべきなのは学校関係者自身である。「不登校」を個人的な特別な問題と捉えず、社会の問題であり、大人（親と教員）の問題でもあると捉えなければならない。というのも、個人的な問題と捉えることは、解決を遅らす「自己責任」に帰着させるからだ。親も教員も、子どもの自己責任とすることの問題を自戒するべきなのだ。なぜなら、学校制度は国家社会の要請で作られたシステムだからだ。

③多様性と個別化は不登校を救うのか

２０１７年ごろから学習の「多様性と個別化」「個別最適化」という考え方が文部科学省から指導要領を通じて現場にもアナウンスされてきた。一見すると「自由度が高まり、学ぶ意欲を高め、自己決定を重視している」という理想的な考え方と思える。

しかし、この「多様性と個別化」「個別最適化」は新自由主義の学校教育版スローガンである。例えば、「学力」は一般的に学校で評価される限定された力だ。それが、家庭の所得格差に影響されるということは今、自明になっている。学習意欲と学習環境に「学力」が左右されるということを認めるのであれば、本来は、子どもたちの所与の学習環境はどのように保障されるのかが重要な課題になる。「個別最適化」はまず、子どもたちの家庭環境の格差解消への具体的施策として展開されねばならないのだが、実際は、「それなりの家庭には、それなりの学習を」という分相応主義の枠組みになっている。

現在は、「主体的・対話的で深い学び」というような今までのような学校教育とは違うイノベーションされた理念を文科語法で政府や文部科学省はプレゼンテーションしている。校則の見直しなど、学校教育の自由化のような言説も流布されている、しかし、それはせいぜいフレキシビリティ程度であり、非常に狭い偽装された自由である。制服の見直しはしても、制服を廃止することはない。

「指導の個別化」も「学習の個性化」も、結局は学校の制度や構造、既定のカリキュラムを動かすことはない。指導の個別化は、効果もはっきりしないでいつの間にかどこかに消滅した（？）「能力別編成クラス」と同じ、差別を「個性差」と言い換えることにすぎない。

学習課題を見つけるという一見主体的な作業もおざなりな、教員の予測可能な、ときには出来レースになる。たとえ、子どもが自分で見つけたと思っても、もともと教員やカリキュラムで用意されていたものも多い。あたかも「子どもが見つけた課題」のように見えるが、実際は「見つけさせられた」「選択した」だけのものである。

「個別最適化」「主体的・対話的で深い学び」は具体化した途端、今までの学習内容・学習方法の焼き直しであることがわかる。結局、従来の学校知の枠組みは変わっていないままなのである。

さらに「自分に合った」とか「自分が必要とする」「関心を持つ」学習内容を選択するということには、「学習とは何か」ということと、「教育のパターナリズム」という大きな根源的教育問題を抱えていくことでもある。

学校化社会は、決められた学校知のカリキュラムから逸脱したり、評価されない自由を認めない。逸脱は厳しく罰せられる。子どもたちには、学習するときに「失敗する自由」「失敗しても不利益にならない保証」が必要になる。

とりわけ、本来、不登校という「学校への疑い」を持った子どもたちに一番必要なのは、自分が尊重されつつ、現実を客観化し学校の持つ問題点を自分で切開できることだ。

不登校の子どもたちは、現在の学校教育の新自由主義的な教育の中で「効率性とコスパ」が基本になっていることを熟知している。学校で、好きで興味のあることに取り組むことが奨励されても、そこに「効率性とコスパ」が求められ、さらに競争原理が働けば、勝者と敗者という強制された選択肢へ導かれる。不登校の子どもたちは個別化や多様性がもたらす差別や格差に敏感なのだ。また大きな視点から見れば、現代社会の権力は「強制」を表に出さず、教育的働きかけで一人一人の価値観や態度を変えて、自発的に一定の枠に従っていくような態度を養成しようとする。だからこそ、学校で学ぶことや価値あるとされることを「当たり前」とする「学校知」を疑うような態度は排除されてしまう。

個別個性化も、私がよくあげる例である。「～博士」を命名することが、学級づくりで流行したことがある。たまたま出会った子どもが「ボクのクラスでは、みんな得意なことを○○博士っていうことにしたんだよ」というので、私は「君は何博士なの？」と聞いてみた。すると、その子は「ボクは、勉強があんましできないし、好きじゃないの。だから、がまん博士なんだ。授業の時もさわがないで、静かにがまんしているのがすごいって先生が言ってくれたんだよ」と言う。

子どもが常に「他者より得意ですぐれたもの」を持っているとは限らない。得意とか優れているというのは、時代や文化、その社会で左右される価値観に従っているだけなのだ。結局は、お釈迦様の手のひらで多様性を競い、個別化を求めているだけなのではないか。とってつけたような「個性」「長所」などは、差別に直結することを知らなければならない。

不登校の子どもや学習弱者を学校難民扱いするようなことになってはならない。彼らの尊厳をどう守るのかは、「大人の問題」なのである。

おわりに

定年退職後私は小学校非常勤講師として11年間仕事をしてきた。教員になったのが1976年であるが、当時は「教室の危機」「学校死滅論」「脱学校論」、オルタナティブスクール論など、市民と学校関係者の間で学校教育論争が華やかだった。

シンプルな「民主的か全体主義・国家主義的か」などという二項対立で考えてきた戦後教育の思考の組み立てが瓦解し始めたころである。現在も国家や文部科学省、教育委員会、校長などが「力で強制する権力」を持ち、学校を息苦しくさせている。しかし、一方で学校教育そのものはその時代その時代に変幻自在に「国民・市民の教化」という本質を変えることはない。

本稿は細かで具体的な学校現場を体験として描写しながら、新自由主義的な学校化社会の現実を考えたに過ぎないのである。そして、「子どもは可哀想だ」「学校は権力的な存在だ」というところから、子どもは教育の消費者と同時に生産者であり、学校は必要と無駄を交互に産み出し、教育商品を消費し生産する経済構造そのものなのだと考えたのである。

註

1：三木卓「のらねこ」（『ぽたぽた』理論社　2013年所収）という短編に、かわいがられるということがよくわからない野良猫に、主人公の少年が「かわいがられるってどういうことかしらないんじゃない」と尋ね、猫が「しっているわけないだろ。どこでもうっていないし」と答える場面がある。距離を縮めて触れあうことの重要さを逆説的に述べている。

2：岡崎勝「『託児所』としてのエッセンシャル・スクール　オーマイゴッド！」『現代思想』2022年4月号所収

3：名古屋市ではタブレットにサブスクリプションのMicrosoft 365を導入した。変更インストール作業で時間と手間がかけられたが、更新需要の最たるものである。

4：文部科学省は、教員の超過勤務を「労働時間」とせず、「在校時間」と呼ぶ。つまり、学校に残っているからと言って「労働時間」とは限らないと言い張り、この法律を適用することを避けている。

5：「給特法をめぐる諸問題：教職員の健康と民主教育を守るために」という冊子の中で、出されている文書。（岡崎勝、赤田圭亮編『100万人教員のためのやさしい悩みごと相談』日本評論社、2003年刊115頁所収）

6：アラン・シュピオ『労働法批判』225頁、ナカニシヤ出版、2022年

「学校に行く」を目標にしない不登校相談

――「静岡・登校拒否を考える会」岡崎勝講演記録

こんにちは、岡崎勝です、よろしくお願いいいたします。はじめに押さえておきたいのは、①不登校の子どもたちのゴールが再登校だとはボクは考えていません。目標として再登校を目指すのは、まずやめたほうがいいなと思います。②とにかく、不登校になったら「元気になること」を、まず目標にしてもいいのではないか。そして、③すっごく元気になったとしても、すぐに登校できるとは限らないし、元気であっても、登校しないでいる子はけっこういますよね。まず、最初に、そんなことを申し上げておきます。

1　「フリースクール」といってもいろいろ

ボクは、不登校の子たちの相談を受けることが多いのですが、ボクのような教員や、スクールカウンセラーのような「教育業界の人間」に相談するだけではなく、あちこちにできている不登校の子どもや親たちの会に相談する方もいます。そういう所で、秘めた想いを打ち明けて、話し合いに参加するということがあります。もちろん、こうした会はその会自体の特徴、キャラクターというか個性もありますし、それぞれ、随分と感じの違う場合があります。親御さんが、いくつかの会を「はしご」することは悪いことではないと思っています。自分に合うところがあれば、それが一番ですし、ショートステイで変わっていくのもいいかと。

フリースクールも同じです。フリースクールも、ただの居場所なんだから、来て、まずはそこに居るだけでいいんだよという所と、それから、シュタイナーとかサドベリースクールみたいに「より良い教育」を子どもたちに与えようということで、学校的なかたちを取りながらも、かなり自由に子どもたちの創造性だとか好奇心を大事に伸ばしていこうという、いい意味で非常に柔軟ではあるけれど教育的な、教育力の強いフリースクールもあります。

それから、こぢんまりと手近なところでやるのが良いんだということで、時間と場所、子どもたちのいる空間も自由にやろうということで、ホームスクール的になったり、ホームスクールといっても「家」ということだけはなく、場所にこだわらずに、ゆっくり勉強を教えたり、遊んだりする。中身も学校の教材教具を使ってやることもあれば、市販で売られている教材を使ったり、親が自分でつくったり、それから、なかには退職教員なんかが先生をやっているという所もあります。最近は「子ども食堂」でもね、勉強を教えるところがあります。色んな学び方、色んな不登校・登校拒否の子ども達の集まりや場所があります。

2 親の会で情報を得て、再度、自分の情況を見直してみる

子どもが「学校に行かない・行きたくない」と渋った時に、相談が来ます。最近は、小学生だけでなく中学生も、似たような感じで不登校になっています。お母さんやお父さん達から、「学校へ行きたくないというのですが、どうしたものでしょうか」とか、「最近、学校へ行き渋るので、ちょっと心配です」というのと、あと、おじいちゃんおばあちゃんが、孫が不登校なんですけどと相談されることも多いです。

それで、お話を聞くのですが、最初に、ボクの所に来る前にどこかに相談されましたか?と、聞くんです。すると、皆さん、心療内科から紹介されたカウンセラーの所に行ったり、公的な教育委員会の組織の中にある教育相談だったり、いろんな所へ行っています。

どうでしたか?と聞くんですが、ボクの所に来るわけだから、先に相談したところで、何か腑に落ちないとか、納得いかないとか面白くなかったことがあったんですよね、きっと。すると、「専門家から、何か一方的にいろいろ言われたんです」とか、「なかなか困っていることを分かってくれないんです」と言うんですが、「実はボクもよく分かんないんですよね」って話します。

つまり、親御さんがよく分からないのに、第三者が分かるワケないっていうのが、まずボクの基本です。子どものことに一番詳しいのは、やっぱり親なんですよね。これを間違えて専門家だというふうになっちゃうと、ボクも相談を受けていてそういう所があるかも知れないんですけど、

専門家って、こういう理由でこうなんですっていうふうに理路整然と説明されるわけですね。ボクはそれが一番ちょっと危ないというか、分かりやすい話ほど子どもから遠ざかるのではないかって気がしています。あくまで、専門家といえども、参考意見でしかないのです。ところが、参考というより「指示」的になったり、「治療」的な話になったりするので、注意がいるわけです。

ボクは、親御さんに「同じ登校拒否や不登校で悩んでいる親御さんと一緒に、話し合いに参加してみたらどうですか?」と提案します。もちろんボクも仲介をしたり、こんなふうにしてみたらどうですか?というアドバイスはしますけど、親同士が集まっているところは、それなりに色々な話が聞けますし、それなりのアイデアがあります。もちろん、最初は悩みを言うだけですよね。愚痴でいいんです。

すると、お互いに、共鳴する所と反発する所が出てきますよね。例えば、シングルで育てているお母さんが行くと、お父さんとお母さんがいるような家族との中身や実態が違いますから、当然、「お宅はいいわよね。お父さんがいるから」みたいな話になるわけですよね。でも、意外と「夫なんて、もういてもいなくても一緒なのよ。子どもに文句いうだけでね」みたいな話になって、話が合うとかね。多少ギクシャクすることもありますけどね。

まず自分の子どものことは自分が一番よく知っていると、自信を持って、そして同じような立場や悩みの人と話をすることで、自分の考えが少しクールダウンされたり、改まったりとか、ちょっと考え過ぎかなとか、やっぱり良かったんだっていうようなことになってくる。

もちろん、悪い面もないことはないです。たとえば、「あそこの子どもよりも、まだうちのほうがマシかな」とか、そういう考えになったりもするわけです。でも、それは「フッー」です。これはもうしょうがないですよ。例えば引きこもりのお子さんを持ってたりすると、「あそこの引きこもりの子はちゃんと自分の食べる物は、自分で買いに行ったりできるんだ。うちの子は全然ダメ」みたいなね。そういう違いが出てきますよね。でもそういういろいろな情況で暮らしている人と話をしていくことって、自分をもう一度見直すためには、結構大事だと思います。また、リアルな経験を聞いたり、情報もたくさん入ってくるし。

3 不登校・登校拒否の「理由」は慎重に考える

それから今始まったばかりの不登校の子が将来どうなっていくかというのは、いろんなパターンがあるわけです。そして、不登校の理由っていうのは、子どもの数だけあるんですよね。教員も親御さんたちも、学校に行かなくなった理由を、どうしても、何か?と、見つけたいのです。「いじめ」なんかがあったりすると、ボクはすごく慎重にやるんで時々嫌われちゃうんですけど、「いじめ」で行けなくなったって言われた時に、ボク自身は、半分ぐらいはそうだろうなと思う。だけど、あとの半分はまだ何かほかに理由があるんじゃないかなと思っていろいろ話を聞くことが多いです。

不登校の子たちと話しているとよく分かるんですけど、「いじめ」が学校へ行けない原因だというと、いじめた奴が悪いに決まってる。まあ、これはそうですよね。社会的にもそうです。一般常識。でも、「いじめ」を訴えても先生が相手してくれないということになって、弁護士さんに頼んだりとか、ちょっとパワーアップして抗議したりします。で、保護者も周りの支援してる人たちも「いじめがなくなれば、本人は行くだろう」という前提で抗議したり学校と交渉をしたりしているわけですから、盛り上がります。

また子どもに対しても、親は「私たちは子どものために頑張ってる」っていう、厳しいけれど、自分に強い肯定感を持てますから頑張れるんです。そして、いじめた相手が謝罪して、先生もこれから良く見てるからって言って、周りから見ると非常に上手く収まりました……となり、来年はそのいじめた子といじめられた子のクラスを別にして、できるだけ離すような約束を学校にさせる。さらに次年度の担任は、学校の中でも優秀な教員をその子に当てましょうというような約束までする。それが大体12月~翌年2月ぐらい。

そしたら、じゃあ次の年の4月から行けるかというと、子どもはそれほど簡単で単純じゃないですね。たとえ、学校に行けるようになっても、子どもは一応、親や周囲の顔を立てなきゃいけないので、4月は頑張って行くんですけど、5、6月になるともう疲れてくるんですよね。それで行けなくなる。または時々しか行かなくなるというパターンが結構多い。

その時に親御さんが、「先生、いじめがなくなったのにうちの子が行けないんです」と言うので、ボクは「それはそうでしょう」と言います。「いじめだけが原因だって、お父さん本当にずっと思ってたの？　それはおかしいよ」って。やっぱりいじめだけじゃない。きっかけはいじめだったり、それから相当ひどい先生の暴言だったりとかします。でも、やっぱりその子が学校との関係の中で、学校に違和感を持っていたり、長い間自分を認めてくれないような学校状況の中で暮らしてたら、何かのはずみで「孤立感」を持ったり、「疲れてしまって」行きたくなくなるっていうのは当たりまえですよね。

だから、いじめというのは、もちろん主たる原因を探して、それを潰していくことはとても大事で必要なんだけど、それだけにかかりきっていると、いじめ撲滅のためにいじめた子を何とかして謝罪させるんだということだけにエネルギーを注いでしまって、自分の子どもの心の状態が見えなくなってきて、結局子どもは元気をなくして、ずっと寂しい思いをしてるということになってしまう。

「私たち親子は、子どものためにこんなに頑張ってるんです！」みたいな、なんかテンパっているお父さんとお母さんがいる、みたいな感じになっちゃいます。でも、これは本当に、いいお父さん、お母さんに多いんですよね。特に学力、学歴の高いお父さん、お母さん。こういうお父さん達は、「正しければ従う」、それから「理路整然とやれば上手くいくはずだ」という、どちらかというと地動説的な「筋道の正しい」考え方ですよね。でも子どもたちはやっぱりいつまでたっても自己中心的で未熟な天動説なんですよね。子どもの心情はなかなかつかめないものです。

ひょっとしたら親御さんが原因のことだってあるかもしれないですよね。それからもちろん学校が理由であったり、友達との関係とか、勉強がきらいだとか、時には給食が嫌いだったという理由だってあります。いろんな理由があると思います。そういう学校との関係の中にある、非常にギクシャクしたもので、子どもたちに違和感を抱かせるような状態というのは、1つ2つじゃなくて「環境全体」で複雑なものなんですよね。

原因について子ども自身が、気が付いてないことだってあります。ときどき大学で授業を頼まれて行くのですが、学生の中に自分は不登校児童・生徒でしたという子は結構いるんですけど、「なぜ自分が不登校だったのかがよく分からない」という子もかなりいます。もちろん、その時は学校に行きたくないという気持ちが全面展開してますから、いろんな理由を付けますよね。だけど、大きくなった後や、卒業した段階で聞くと、「不登校の理由がよく分からなかった」という元不登校の子どもたちも結構多いです。

ですから、不登校や登校拒否の子どもさんを抱えている親御さんや、おじいちゃんおばあちゃん、それから先生達にもよく言うんだけど、不登校の原因を冷静に考えてみることはもちろん大事、それは絶対やらなきゃいけないです。

でも、同時にその子が育ってきたプロセスだとか今までの友達関係とか、その子自身が学校に対してどんな気持ちを持っているのかということも少しずつ聞いていってほしいと思います。やはり時間と労力をかけて、学校に行きたくないなっていう子どもたちの考えや思いを、親や教員が、まず黙って聞くということが基本です。それで、その理由を聞いたから、じゃあ上手くいくかということではないです。実は「聞いてもらうという関係を作る」ということが大事だなとボクは思っています。

4 親の頑張りが子どもを追い込むこともある

一番怖いのは、親が頑張りすぎちゃって、子どもが置いていかれるっていうのが困るんですね。親は「子どものために」と一生懸命なのは分かります、しかし、一番困っているのは子どもなので、親じゃないんですから、もう少し子どもの気持ちを察することが必要です。

ボクは今まで不登校の子と付き合ってきて、または、あまり話すことが多くない引きこもりの子達と話してもそうですけど、親から「学校へ行け」と言われるのが一番嫌だったと言います。まあ、ボクはそれを聞いて、「親だからしょうがないんだよ、そう言うよ」と言います。ボクも親でしたから。ただ、「でも親はああ言ってるけどさ、病気になるほど無理して行く必要はないし、どうしても嫌だったら、行かなくてもしょうがないよなあ」っていう話をしますね。

親が一生懸命やっている姿を見て、「私も頑張ろう」と思う子もいれば、「あんなに親が頑張っているのに、私は行けない、ダメな子どもだ」って思うこともある。だから、子どもを上手く説得するために、「外に敵を設定して、行けない理由を潰せば行けるようになる」と信じて、こうでしょ、こうでしょって理づめや善意で「子どもを攻めていく」という感じになることはやっぱり、ちょっと、やめてほしい。ボクはあまり勧めないということです。

5　学校の先生の「勘違い」と善意の落とし穴

昔もあったんでしょうけど、特にここ4～10年くらい前から、小学校1、2年生に多いんですが、先生に怒鳴られて学校へ行けなくなった子が結構います。先生がめちゃくちゃすごい勢いで怒ってる。しかも、自分が怒られているだけじゃなくて、友だちが怒られてるだけでも学校が怖くなって、行けなくなる。

不登校のきっかけのひとつなんですけど、いわゆるセクハラ、パワハラを含めて、教員の対応の悪さというのは、これはひどいし、人権侵害も否めないです。いろんな教育マニュアルができているし、子どもの気持ちを聞いていこうというんだけど、子どもの気持ちを聞くために、どれくらいエネルギーがいるか、どれくらい時間がかかるか、聞く前にすることがたくさんあるのだ、ということも頭に入れていかないと難しい。

特に学校の教員は「善意の塊」になってますので、自分が言ってることは全部正しいし、自信はあるぞ！みたいな感じできますから、子どもも本当に大変ですよ。「君のためを思って」と声を出して言う教員は少ないかもしれないですけど、先生達の姿と、そこから発するオーラ全体がそう主張してますよね。今ここで頑張らなきゃみたいな。部活の公式戦じゃないんだから、先生達も、「今ここで、そんなに急いで焦って頑張らなくても次に頑張ってもいいじゃないの？」とボクは思うんですけど。

ボクの娘が中2の時に、「お父さん、熱血教師は嫌われるんだよ！　本当はすごく嫌われてるんだけど、高学年の子はニコニコしているだけだよ。調子に乗ってはダメなんだよ！」って言われたんです。なんとなく心当たりがあって、確かに高学年の女の子と話していると、先生の悪口をボクに言ってくる時に、熱血先生の悪口が多いですね。「不登校の理由は先生の指導のし方です」と直接先生に言える子は、まずいない。たいていの子は「いい先生です」とか言ってしまうんです。

たとえば、休み時間に「手つなぎ鬼」をクラスのみんなでやると決めたからやろうとするけど、「あの先生とは手なんかつなぎたくない」とね。女の子だとけっこういますね。だけど、忙しくて、教員は、ホントは「休み時間」にもやることがあるのだけれど、「子どもと共に一緒に汗をかいて遊ぶことは素晴らしいことだ」という信念から（そう信じて）頑張ってるんです！と言う。けど、本当は嫌われてるってことが分かってないんですね。

それは誰が悪いという話ではなくて、残念なんだけど、先生に気をつかって、子どもも「嫌です」と言えないし、教員のほうも自分がやっていることを、絶対化してしまって、反省することがない。子どもには、授業でリフレクション（内省）やれと言っているんだけど、自分はあんまりやってない。思春期に入ってきた子どもたちがどんな気持ちなのか？　それをもう少し分かっていないといけないですね。

りますぐらいで受け流したり、あるい

6 まず、「フツーに、心配すること」が大切

「いじめ」でも、教員が、まあそれは戯れのひとつだろうというぐらいで受け流したり、あるいは、逆に、ちょっとしたいざこざをいじめだと大騒ぎして、余計に混乱を招いてしまうこともあります。

だから、私たち教員や大人は、子どもとの関係性（主観と主観の関係）をどうやって作っていくかということにポイントを置いていきたいと思っています。子どもは一様ではないし、教員だって人間なのでいろんな考えを持っている。だからそこで、自分をリフレクション（内省）して、自分のやっていることを、相手を謙虚にリスペクトしつつ、考え直していく。まずそれが最初にないと難しい。

ボクは不登校の子が学校の中にいた時に、例えばクラブ活動や委員会活動で接したりすることがありますから、そういう時いつも、彼らが突然に不登校になったりしたときは、その子に委員会で何か言っちゃったかな、地雷を踏んだかなとか、何かちょっと接し方がまずかったかなと、考えちゃうんですよね。他の先生たちが、「岡崎先生、委員会ぐらいの接触じゃ関係ないですよ」って言うんだけど、いやいや、いくら短い週1回の委員会活動だって、ボクは岡崎勝個人じゃなく、学校のひとつの顔として子どもと接するわけだから、そのことは忘れられないです。週1日の委員会活動だって1年で30時間とかになる。逆に、「週1回、岡崎先生と会えるから学

校に来ている……」と、リップサービスにしては恐れ多いことを言ってくれる子どもたちもいたわけでね。だからそういう話を担任たちにもよくしていきます。

不登校の子どもが出現すると、「私が悪いんですか？」とかブチ切れて言う担任の先生もいます。ボクは「そうだよ」（笑）とかって言うから、泣き出しちゃう場合もあるんですけど（笑）。まず自分が引き金を引いてしまったんじゃないかということは考えないといけませんよね。だって、例えば家で子どもが親と喧嘩して家出したとしますよ。そういう時に親が、「俺が悪いのか？」って言いませんよね？　まず子どもを探しに行くでしょ。心配するでしょう。だからそれは教員だって同じじゃないのかなと思う。たかだか1年間の付き合いかもしれませんけどね。

7 「いじめ」の一面としての【快感】

先に述べましたが、子どもが学校に行きたくない理由には、家族の問題とか友達の問題とか、いっぱいあります。今、特に言えるのは、子ども達の友達関係がたいへん薄く、不安定になっていることです。ＳＮＳ含めてですけどね。子どもたちの中で友達関係っていうのは、スクールカーストという学校の中での上下関係やマウンティング（相手より優位になって見下すこと）抜きには考えられません。

もちろん、身体的物理的に強い上下関係もあります。デカい、にらむ、コワい、声が大きい、乱暴という、そこからいじめが発生することも多いし、登校拒否の発生もあるので、それは対応が難しいです。それに、そこまでいかないにしても、3、4年生になると、3人ぐらいの女の子の中で2人が仲良くなって1人をハブるというようなことをやって、「いじめ」のようなことにいいいい快感を得るわけですね。

皆さんに、誤解されると本当に困るんですけど、いじめている側は気持ち良いんですよ。快感なんです。だから、その快感であることの問題を問わないで、「いじめ」はいけないと言っても、なかなか本質に迫れないいんですよ。やっぱり誰かをいじったりとか、自分の行使した力で相手が自分の思うように動いていけば、それは快感ですよね。皆さんコンピュータ・ゲームをやると思いますが、ゲームやるのは「操作による快感」です。自分の操作によってシューティングゲームで的を落としていくとか、獲得点数が上がる、アイテムが自分のものになるっていうのは快感ですよ。

まあゲームの中だけだから「いじめ」にはなりません。でも「操作の快感原則」というのがあって、これは人間でも同じですね。本当いうと、教員なんかにも特にありますよね。「気をつけ！」と言ってみんながピシッとなったら気持ちいいんですよ。教員やった経験のある人は絶対にあると思います。まっすぐに並んでくれたら気持ち良いんですよ。

ボクだってそうでした。でもボクはそれが変だと思うから、体育の授業でも笛を使わないとか、きちんと並ばせることはもうやめたんですけどね。「静かにしてください」と言ったら静かにしてくれると、それは教員仲間だと「指導がうまい」と褒める人はいっぱいいますよ。いい授業でしたとか、子どもたちがよく言うことを聞いてやってますねとかって。もっといえば、「オカザキは笛を使わなくても、整列させなくても、子どもは静かに話を聴いている」と評価されるわけです。これって、どうですか？　力づくで子どもを動かしてはいませんが、ソフトな管理になりませんか？　自分でも矛盾してると思っています。すっきりと解決はしていません。

で、ポジティブに評価されるから、これは快感原則の中の凄さで、教員はどんどん操作による快感を身に付けていく。だからね、いじめも同じなんです。力のある者が力の弱いものを自分の思い通りに動かすという快感があって、その快感原則で動くんですよね。

「小さい子はそういう快感はないけれど、大きくなってから快感を追求するのだ」と、ボクは思わないです。ゲームの快感原則とマウンティングの力学は、小さい頃から、自然に日々の暮らしの中で、身につけますよ。だから怖いんですよね。つまり、いじめをなくすっていうのは、ものすごく丁寧に見て、クラスの人間関係が「悪しき快感」に流れないようにするためにどうするかということをやっていかないといけない。でないと、すぐに「いじめ」の快感原則やマウンティングの力学にクラスが席巻されちゃうと思います。

ボクは「いじめ事件」について、いろいろ聞かれるんですけど、もう「いじめ」が起きちゃったら対処療法しかないと思っています。だから、起こさないためにどうするかということをクラスの中の力の関係を考えながら学級づくりをやっていかないといけなくて、その時にやはり教員は人間関係上の重要なリーダー的存在としての立ち位置があります。

だから、皆さんが聞いたらびっくりするかもしれませんが、ボクは、いじめを出したくないので、4月の最初にクラスを作る時はものすごく厳しく言います。悪いけど先生の方針だけど、これだけは譲れないんだよと、とにかくいじめじゃなくても、多数で少数を言い負かすとか、少数の人の意見を聞かないで多数決で全部決めるっていうのは絶対やめてくれと言います。そして、いつも「正義ってなんだ?」と考えていこうねっていうことだけは言いますね。それをやらないと、いじめが起きてからいじめは良くありませんとか、「相手がどんな気持ちだったか分かってるのか?」と叱っても、なかなか子どもに響かないし、こちらの気持ちも浸透していかないんですよ。だから、日々、折に触れそういう話をしていこうというふうに考えています。

8　コロナ禍の前から、いろいろな家族があるのは当然のこと

加えて、家族の問題ですけど、今コロナ禍で、子どもたちが、いろいろな面でしんどくて不登校が増えましたね。報道では、2019年度は18万人。2020年度は19万人を超えてしまったということで、潜在的には45万人とか50万人近くいるだろうと言われています。大体クラスで1人とか2人とかになってくるわけですけど（2021年度は24万人に激増）。

不登校を含めて、いろいろな家族があり、その家族独自の問題や課題があります。もちろん、やっぱり家族で頑張ってもらうしかないということもあるけれど、家族が開かれた形であれば、そんなに悲惨な状態にはならないと思っています。家族全員が、内向きになっていると、子ども

だけでなく親もやっぱりしんどいです。見栄もあるし、プライドもあるので、それはそれで大事なことですけど、見方を変えて言うと、それが足かせになって、どんどん深みにはまっていくということもよくあります。

例えば地域の親たちと、あるいは何かの集まりで話している時に、「うちの子は、今、学校行ってないんですよ」って言った時に、みんなの反応を見て、こんなこと言わなきゃよかったみたいに思うことが多いかもしれません。でも今日のこういう会でもそうですけど、横の繋がりがあれば、そんなこと珍しくないし、ウチもそうだったというような話になるわけで、相対化されるわけですよね。

子どもが学校に行かないにしても、行かないということを肯定的に見るなんてことを、子どもが登校している親に理解してもらうのは期待できないし、なかなか難しいわけです。だから、最初からそれを織り込み済みで話せばいい。無理して話す必要はないけれど、それでもなおかつ、たとえば地域で何か子どもが行きやすい学校にするように声を上げていこうと思った時に、時期を見て、淡々と「不登校なんです！」とカミングアウトしてもいいんじゃないかなとボクは思っています。

それは障害を持っていたり、家族に認知症のお年寄りがいたり、会社を突然解雇された大人がいたり、精神的な疾患を持っていたりする時も同じですよね。無理に、あるいは理屈だけでカミングアウトするのは勧めないけれど、外に出すことのメリットもありますから。バランスとチャンスです。

9　元気な不登校と「みんなで不登校」もいいかも

学校に行きたくないと言っている子たちの中には元気な不登校の子がいます。そういう、学校に行ってなくても元気なら、一番最初に言いましたが、まあいいやって感じをボクは持っています。今ボクがかかわっているフリースクールの子はみんな元気な（元気になってきた）不登校なんです。有能なスタッフがいるので、ボクがなんか特別にケアをすることはありません。みんな楽しそうで（笑）。ただ親御さんは、やっぱりお金も手間もかかるし、それに遠くから通ってきたりするから、大変なんですよね。

朝なんて、親御さんは仕事に早く行かなきゃいけないのに、子どもがなかなか行こうとしないとか。いろいろと手のかかることがあって、子どもには朝はみんなと学校へ行って欲しいんだけど、でも、無理矢理に連れて行くことはできない。だけど、フリースクールには行くっていうから、「しょうがないな」と思って連れてきている親もきっといると思います。

でも子どもは、すごく元気なんですよね。最初の頃は、ボクはフリースクールに行くと、子ども達に「元気なんだから学校行けるだろう！」とか言って、えらい顰蹙を買いました（笑）。まあ半分冗談で言ってますけどね、彼ら彼女らは本当に元気です。

だから不登校も、できれば友達と一緒に不登校というのもいいのかなと思ってます（笑）。1

人で不登校じゃなくて、できれば友達誘って不登校みたいな感じのほうが子どもは落ち込まないですよね。ひとりだけだと、それはまったく悪いことじゃないのに、世間は奇異の目でみるし、まだ冷たいですから。

10 自分と他者から、二つの「自分への視線＝評価」が一番気になる

でも、ひょっとしたら、一番クールなのは親だったりすることもあります。親御さんが不登校経験したとか、学校に対して距離をとっているお父さん、お母さんだと、学校へ子どもたちが行かなくても、「しょうがないか、そういうこともあるわよね」って、それほどは大変じゃないんです。

親として一番大変なのは、仕事に行ってる間、家でひとりで居させるのが大変だってことです。ボクはそこに共感できるんですよね。学校は託児所の役割が一番大きいとボクは考えているからです（ボクがずーーーっと主張している「学校託児所論」です）。

やっぱり子どもたちは、家でのんびりできるようになったとか、それから、親の「学校行くべきだというプレッシャー」から解放されると本当に元気になってきます。これは当たり前なんですけど、結構重要です。

不登校や行き渋りの子たちが、学校へ復帰するっていう時期には、彼ら自身の中に、エネルギーが相当蓄積されないと行けないんですね。前に述べたように、いじめがなくなったとか、嫌

な先生が替わったとか言っても、本人の一番深い所でやっぱり行けない理由である、自己肯定感って言葉はあまり好きじゃないんだけど、「自分は大丈夫、なんとかなるさ」という元気の感覚が低いことがあるから、そう簡単に登校できないのがふつうです。

自分はネガティブでもないし、端から見ても全然問題ないんだけど、周りからの目ですね、それがキツイと感じる。今の時代は、今まで以上に、ボクは親を含んだ「他者の評価」がやはり子どもたちを縛って臆病にしていると思います。それは成績だけじゃなく、何か自分が軽んじられている（存在しているんだけど、存在していないみたいだ、と自分で捉えてしまう）と感じてもいる。自分は臆病だと思い込んでいるんです。

11　学校化するのは「心」、テキトウに考える難しさ

成長発達の過程の中で、大まかに言うと、男の子は承認欲求が強いと思います。「俺はここにいるぜ！　分かるかい？」みたいな。それは悪いことでもないし、結局は「可愛がって欲しい」という気持ちの一種なんで、仕方がないですよね。赤ちゃんの頃から、肯定的に育てられて、何かができるたびに「すごいねえー」と言われるから、自分は何でもできるスーパーマンだと思えるでしょ。小さい頃はたいてい周りも大事にしてくれたりとか可愛がってくれたりするから、これは当たり前で悪いことではないですよ。

でも、学校（幼保育園）に行った途端に多数の子たちがいて、他の子と比べることが多くなる

と、「自分は何やってもうまくいかない」とか「ダメな子どもだ」ってそういう思いを持ってしまうというのはありますよね。こういうことって、普通でしょ。だれにだってありますよね。

それに輪をかけて先生とか周りが見下したり、バカにしたりすれば、当然「自己肯定感」はなくなっていくわけです。昭和の時代だと、自己肯定感がなくたって、誰かに依存したり、逆に自分のキャラにしていくみたいな子もいたんですよね。そして、とりあえず義務教育学校の年月はしのいでいくというようなことができたんです。しかし、今は、やはりね、それはすごく難しいです。どうしても、どこまでいっても、成果とか成績がついてまわり、子どもを判定・評価しているということが学校や世間で中心軸になっているので。だから、逆に、一般的には、成績がいいと、余程のことがない限り学校が嫌だというふうにはなかなか言わないわけです。

じゃあ、不登校になった子が、勉強ができるようになったから行くかというと、それもまた全然話が違うわけですよね。そういう問題ではない。やはり一度ダメ出しされると、子どもは結構凹みます。もう、親に認められるより、「学校社会で認められないと価値はない！」という感じになってしまう。

学校では、なんだかんだといっても、先生の言うことを聞く子や気配りできる子、先生に従順な子は良い子だというふうに大体決められているので、そういう習性というか価値の枠組みというのがあるので、そこに自分をあてはめようと思って子どもたちは苦労するわけです。だから、心が「学校化」するんです。

真面目な子は、なんとかして自分を認めてもらえないかと、一生懸命学校に合わせて、そこで結局疲れてしまう。不登校の多くの子どもたちは、こうしてエネルギー切れになって行けない、行かない、という子が結構います。

「学校なんか、テキトウにやりすごせばいいんだ」「自分は、特別立派でも何でもない、他のみんなもちょぼちょぼなんだから、先生に合わせて頑張る必要なんかない」「先生に叱られても、とりあえず謝っておけばいいんだ」「明日になれば、忘れることも多いから、今日はパスしよう」「友だちとちょっとヤバイ関係になってるから、今日くらいは休もう」というような感覚が身についていけば、登校はなんとかなるコトが多いです。ただ、こんなふうに思えることも、現代社会では簡単じゃないんですけどね。

根っからの、やんちゃで行きたくないって子はいつか行くから放っておけばいいんですよね。行かないにしても、何とか自分でするでしょう。でも、優しくて思いやりがあっておとなしい、真面目な子が行けないっていうのは本当に辛いですよ。これはいい子にならなきゃって頑張り過ぎですよね。まあ「……し過ぎ」といっても、どこらへんから「し過ぎ」になったか、よく分からないですよね、現実には。「あとづけ」の説明に言うだけですから。

子どもは、「親が喜ぶこと」っていうのは、やっぱり「自分がいい子になること」だなって思って頑張って疲れちゃう。でもね、以前、もめてる親子がいて、親が自分の子に「もう頑張らなくていいんだよ」って言ったとたんに、子どもが「お母さん、もう遅いよ」って怒ってつぶやいたので、親もなんだか、しんどいなあと。ボクは「遅くたって、いいじゃないか、ちっとはお母さんの気持ちも考えてやれよ」って、その子に言ったら、「そうするわ」（笑）という子もいました。

12　競争のための勉強は「知」の面白さから遠い

子どもたちの話を聞いていくと、学校が面白くなくていいんですか？みたいな話になります。教員は、「学校はディズニーランドと違うんだから」とか言うんだけど、学校がディズニーランドだったら、あんたは雇ってもらえないよと思うんだけど（笑）。

でも「学校が面白くなくていいんだよ」と簡単に言っていいのかなとボクは思うんですね。少なくない子ども達は、「学校は面白くないよね」って言います。特に不登校の子どもたちは言います。ボクはそれを否定はできません。確かに面白くない。学校にいる人間・教員としてボクが思うのは、学校は面白くないことばっかりなんですよね。でもね、正直、面白いことが、10のうちに1つか2つあれば、結構子ども達は来てくれるんじゃないかなと思っています。みんなは、学校が面白くなくてそれが当たり前だと思ってるでしょ。そしたら行きたくなくなるのは、当然だろうなって思います。

「面白い」ってなんだ？というコトもよく教育論議されますけど、ボクは単純で、「面白い」と子どもが言えばそれで「面白い」とすればいい。だけど、面白いことばかりはできないし、ときにはスベることだってある。ときには押しつけることもある。ただ、「面白いことがいいことだ」という筋は一本通すべきだと思います。

あと、子どもも10歳くらいになると、友達に気を遣いますよね。これはもう学校の枠組みの中でできるというよりは、どこへ行っても、人間関係の中でやっぱりギクシャクする子はいます。友達が内緒話してこっちを見ていると、自分の悪口を言ってるんじゃないかとか思ってしまう。まあ、そう感じる時は、当たっている場合が多いですけど、そういう不愉快さに耐えられない。我慢していることでまた疲れてしまう。ただ、一方で、まったく平気な子もいる。色々なんですよね。

勉強も同じです。勉強って分からないからやってるんであって、できる子は学校来なくていいんじゃないかとボクは思ってるんだけど、それ言ったら親からえらい叱られましたけどね（笑）。塾行ってる子たちは、教えてもらう内容が、かなり先に進んでいます。他の子たちの知らないことや分からないことを、自分は分かってるっていうことです。自慢できるし、うれしいのです。

でも残念なんだけど、塾にしろ学校にしろ、学んでいる知識って本当に狭い知識なんですよね。「学校知」って言います。算数だって、ユークリッド数学だけですよね。非常に狭い範囲しかやってない。本当は算数ってものすごく想像力が必要で、ボクはユーチューブ動画でもちょっとやったんですけど、「直線」というものだって、みんなこうやって書いてあるけど、「みんなで『直線』って思おうね」と言って直線を描いてるわけで、本当の「直線」には幅もなければ目に見えるかどうかも分からない想像の産物ですよね。でも「直線」ということを想像できるよねって。学校でも、学習はいくらでも広く深く楽しめる。

でも、学校も塾も学習の内容のほとんどは、「テストに出ますか?」って聞かれるように、学校知という競争用の知識です。貯金型の知識ですね。序列をつける知識です。受験用には役立つかもしれないけど。

受験や競争に邁進している子どもたちは、学校の知識が全部だと思って勉強しているから、「知」そのものの楽しさより、「他者よりたくさん知っている、テストでいい点数が取ることができる」ことがインセンティブ(損得意識の元)ですから、知識獲得競争から降りたら、つまんないんだろうなとボクは思ってるんですね。学校でも、教員が一人ひとり個性を持って自分で面白い授業をやっていけば、少なくとも勉強が嫌だとかつまんないということは少しカバーできるんじゃないかなっていうふうに思います。

13 「間違いから学ぶ」ということの実際

そして、子どもたちが学校に行きたくないとか、行けないっていうときの理由で多いのは、「空気を読め」って話です。これは、子どもの問題ではなくて、もうほとんど大人の問題だと思っています。「空気を読む」ということは、要するに予想をして、その場にあった話をしなさいってことですよね。で、「その場の雰囲気や適切性がわかりません」っていうのは、これ、空気読んでないって言われるわけですよ。でもなあ「空気読め」ってさ、「子どもがさ、そんなこと、なぜしなきゃいけないの、馬鹿じゃないの?」とボクは思うんだけど。

子どもたちが先生とやりとりする会話は「応答戦術」と言って、相手が何を考えているかを予想して、相手の望む答えを言うってことです。これは、「空気を読んでいる」ので、けっこう疲れます。

「分かりません」って言ったら、「お前、何言ってんだ」って言うんじゃなくて、本当は学習として「分かりません」というのはとてもいいことなんですけどね。

「なんで、君は分かってくれないのだ?」という言い方、親も先生もします。これは、親や先生の「伝え方」がまずいというコト以外にないです。あるいは、「分からないおまえはダメな奴だ」の言い換えです。残念ながら先生たちは「間違うことを怖がらないで」とか「教室は間違うところだ」って、声高に言うんですけど、現実には、子どもたちは間違いが怖いですよね。だから、「間違えてもいいんですよ」って言うなら、本当に具体的にどうするかっていう話なんですよね。ボクが実際に一番大切だと思うのは、間違った時にどういうふうにみんなが対応するかということです。

この前、ある先生が「岡崎先生、この前の授業中に間違えた子をみんなが笑ったんです。私、すごく頭にきて、『みんな笑うことないでしょう!』と、怒ったんです」って言うんですね。でも、そんなふうに怒るからダメなこともあるんだよね。先生が怒ると一番傷つくのは、間違えたその当人だったりすることがあるのです。間違えた子は、「先生は笑った子を叱ってくれたんだ、だから、ボクの味方だ。良かった」なんて思わなくて「ボクが間違えたことに対してみんなが笑ったから先生が叱っている。結局、ボクの間違えたことが目立っちゃった！」って思うんですよ。

子どもの本当の気持ちとしては、見下されて目立つのがすごく嫌なんですよ。人にもよるんだけど、特に気の小さい子は目立たないようにしてほしいんです。だから、そういう時に、もちろん笑った子を叱るのは悪くはないんですけど、同時に、「間違った内容が、すごく学習に重要なことなんだよ」という「間違いから学ぶ」ことをみんなの前で丁寧に淡々と説明するといいですよね。淡々と説明する。「そうだよね、こういう間違いってさ、みんなよくやるよね。先生も小さい頃よくやったんだよ」と言いながらやっていけば、間違いの中身っていうのがみんなのものになっていく。だから、小さい頃、たくさん間違いをした先生ほど「有利」だなって思います。子どもに話すネタ（タネ？）が豊富で（笑）。

「何聞いてたの？」と間違えた子を叱ったり、反対に笑った子を叱ったりということではないはずなんですよね。今、本当に、「空気を読まないでもいいんだよ。空気を読まなくても大丈夫だよ。うまく着地しようぜ！」と、ソフトに、空気を読まない子たちを包接していくというか、包み込むようなスキルが、やはりボクたち大人には必要なんです。子どもたちの多くは、授業で、自分が間違って、友だちに笑われたら、それに合わせて自分を笑うしかないんですよ。ちょっと悲しいですよね、それは。

14 「学校へ行かなくてもいい」もいろいろある

不登校はいけないことなんですか？っていうことをいつも考えていて、これはすごく難しいです。不登校は「子どもが学校の抑圧から自分の身を守るために必要なこと」でもあります。一方で「不登校に対して今の社会は冷たいので、できるだけ避けたほうが良い」ということも事実かもしれません。どんな選択もメリットとリスクはあるわけです。ただ「学校って本当にいいものですか？」という問いは残ります。この問いから自由になれないまま、ボクはずっと学校で教員をしています。

今は、「子どもには、やっぱり学校に行ってもらいたいなあ」という親御さんがほとんどです。「学校行かなくてもいいんだよ」と言う方は少ないです、今の社会では。当たり前ですけどね。でも、子どもが学校行かないんだから、もう学校行かなくてもいいんだよって言うしかないと覚悟を決められた親御さんもいます。

いくつかのフリースクールだとか、居場所へ訪れて子どもたちの話を聞くと、子どもたちだって、すごく微妙なのです。「本当は行きたいんだけど、行けないなぁ」っていう子もいれば、「もう二度と行きたくない」という子もいます。

「私は、高校はN高に行くか、通信に行くか、高校の資格試験を受けるか、なんとかする」と言う子もいるし、「大学行くんだったらＡＯ入試で行きます」と考える子もいます。中学生ぐらいになると、学校に行かない子たちも進路が気になってくるので、今後どうするかということは、自分なりにいろいろ考えていますます。そうなると、親御さんも「まあ、今のところは、このまま不登校でもいいか」と思われる方もいますよね。「今さら、中学校に戻ってもなあ」っていう雰囲気になって、流れにしたがって現状を認めながら、今できる一番いい方法を考えるけれど、まず、子どもたちが考えている方向に行こうと落ち着いていくことが、一般的に多いです。

15 「学校へ行けるようになった」という話は成功話ではない

親がどうしても学校へ行かせたいとか、本人がなんとかして行きたいっていう気持ちを持つのは、小学校の高学年ぐらいまではよくあります。しかし、不登校歴や登校拒否歴が長い子たちは、長くなればなるほど、やっぱり、厳しい気分で無理を押して学校へ戻るということの選択をしなくなるのが一般的です、当然ですが。

もちろん、突然フリースクールから学校へ行き出した子もいますよ。その子にはちょっとボクは頭にきたんだけど（笑）、「岡崎先生、明日から学校行くから」と。「お前さん、突然で大丈夫？熱はないか？」とか冗談っぽく言ったんだけど。そしたら「こんな所にいつまでもいたら、駄目になる」って言うんだよね。「お前さん、そんな失礼な言い方するなよ。みんなまだいるのに」って。彼は突然学校に行きましたが、結局、その後、学校へも行ったり行かなかったりです。

ま、フリースクールに戻ってくるのは格好悪いので、戻っては来ませんでした。でも、まあ、彼なりの不安を抱えつつのやり方ですよね、多分。

「じゃあ元気でやれよな。また嫌になったら来いよ」って言ったら、「もう来ません」と(笑)。フリースクールに不満があったかどうかというのははっきりしなくて。まあいつも自分のやりたいことをやってた子なのですが、みんなとは楽しそうに動いていました。ほぼ毎日来ていたので、それほど嫌じゃなかったんだろうなと思います。消去法で、ここを選んだのかなと思うわけです。

そういう学校に行かない子たちの有様を見ていると、子どもたちにとって「学校」っていったい何なのかなというふうに、しょっちゅう思っちゃいます。つまり、学校へ戻りなさいとか、もう一回行きなさいということを、大人の側がインパクトを持って、強く自信を持って伝えることが難しいですよね。たいてい、学校に行ったほうが良いという説得って、力がないんですよ。

16 昭和の時代は「学校」は反抗・異議申し立ての対象だった

「学校へ行かなきゃこれからどうしようもなくなるぞ」っていうのもちょっとインパクトがなくて、なぜなら学校へ行ってても、学校以外の自分の生活のいろんな面で大変で、みんな苦労しているわけです。学校へ行っていても、なんとかなってない人はいっぱいいるわけ。もっというと、大人になれば、学校へ行っていた、行っていなかったということはそれほど大きな問題ではなくて、もっといろいろと面倒なことがあるでしょ、それが普通の人生なんですよね。

だから、学校に行けば何とかなるというような言い方は、昭和の話なんですよね。ボクは昭和の人間なので、できるだけ昭和の話を令和の子どもにはしないようにしてるんですよ（笑）。昭和の時代は、能力を持った者と持たない者がいて、競争したり戦っているとか、政治だったら右と左で戦ってるとか、ジェンダーの問題だったら、女性の権利拡大を阻む男はみんな間違っている、敵だ、みたいな水戸黄門的に敵と味方がはっきりしていました。昭和のドラマなんかは、もう登場してくる人の顔を見ているだけでこれは悪い奴だというのが分かる。そういう世界でボクらは育ってきたんです。二択の世界ですね。

だから昭和の時代に学校に行かないということは、学校に対する抵抗、つまり世間や規制へのあからさまな反抗なわけですよ。学校の制度自体が国家の支配の道具だとか、私の個性には合わないとか、奴隷根性養成機関だとか、先生は権力者だから、そんな権力者の言うことは聞きたくない。学校が私の自由を奪っているとか、かなり明確な異議申し立てを持った行動だったんですね。それは正しいんですけどね（笑）。

17 不登校の子どもへのスパルタ教育的な向き合い方は難しい

ところが、今の子どもたちは、最初に言ったように学校を忌諱《きき》する理由がすごく様々で「自分でもよく分からない」と言う子さえいます。理由はともかくも、とにかく行きたくない！　行こうとすると体調を崩す。だから、理由が明確になってない子どもたちに、または理由がはっきりしていたとしても、雲をつかむような話が多くて、そういう子どもたちに大人からの善意だけのアプローチは昭和ほど簡単でないし、「頑張って」「何やっているんだ」なんていうのは、子どもたちを追い詰めるだけで、彼らに届かないインパクトのないやりとりになっちゃうんです。

１９７０～80年代くらいまでは、子どもを力業で無理やり車に乗せて、学校まで連れていくみたいなことを、普通にやっていたわけですよ。それで行けるようになった（？）という子もいないわけではない。でも、それって、圧倒的な物理的力で脅迫されて登校させられるんだから今でもリスクが多すぎる。

ちょうどその頃に戸塚宏さんっていう体育会系の人が愛知の知多の海でヨットスクールを開いていました。その戸塚ヨットスクールは引きこもりや不登校の子を集めてスパルタ的な教育をやるんですよ。そこでやりすぎて子どもが亡くなっちゃったんで、かなり批判を受けました。逮捕もされちゃいました。

そういうやり方は非常に昭和的なやり方です。ボクはその人自身を人間としてみると面白いし、そんなに嫌いじゃないですけど（笑）、体罰が当たり前というやり方だったので批判・反対活動をしました。今はそういう時代ではないのです。それは多少なりとも人権意識が高まり、教育の方法論も違うし、子どもの受け止め方から親の説得の仕方も絶対違うんですよ。同じことをやってもそんなに高い効果が出るわけではない。

18　親としては「学校へ行け」という言葉のかわりに、淡々とした毎日を

親のあり方で、一番重要だとボクが思うことがあります。まず、自分に不登校経験のない親や、学校は絶対に行かねばならないと思っている親が、子どもに「学校へ行け」っていうのはね、当たり前の話なんだけど、それが子どもにはほとんど通じないんです。言えば言うほど、子どもはネガティブに受け止めていく。気の置けない子ども達はボクに言いますよ。「とにかく親と話すのが辛くてしょうがない。だから親に無理して合わせるしかない」とか、「もう黙っちゃうしかない」とか。子どもがキツイ状態のときには、家庭が本来は安心できる場所でなくてはいけないなと思いますけど、真逆の場所になる。

多少いざこざがあってもごたごたしてても、家庭って本当にいい所なんですよ！　ボク自身も自分の子どもを育てながら、思ったことは、朝になったらご飯ができてて、帰ってきたらおやつがあって、夕飯も一応食べられて……子どもにとっては、こんなにいい所ないよなぁーってね。自分の子どものころを振り返って思うわけです。毎日帰ってきて、おやつやご飯が食べられるとか、友達と遊んで汚れても着替えがちゃんと準備してもらえるとかね。

そういう日々の暮らしというものが、「お父さんだってこんなに大変だったんだぞ、感謝しなさい」って言うよりも、うんと生きる力が蓄積されると思ってるんです。だから、家でいろんな子どもとのトラブルがある時に、もう何度も何度もボクは同じことを言ってますが、何も話さな

くてもいいので、一緒にご飯を食べてもらいたいと思います。毎朝起きたら、「おはよう」とだけ言って黙ってご飯を食べさせてくれる親、できれば笑顔で。そのことだけで親の仕事って充分じゃないかとボクは思ってます。そういうふうに淡々と日々を過ごせて、家の中がまあまあ落ち着いている。子どもがつらそうだなというときは、一緒に大変だなと思ってくれる家族がいるということ、子どもが安心できる場所というのはそういう場所だと思うんです。

だけどね、実際には親にとって「そんなこと分かっているけど難しい」ことでもあるんですよ。不登校の専門家の人と話すとね。「岡崎さん、子どもはやっぱり安心できる場所が必要ですよね。親は【不登校してもいいんだよ、大丈夫だよ】って言ってあげなきゃいけません」って言うんだけど、「不登校でも大丈夫だよ」って言える親はすごいなと思います。立派な親だと思いますよ、ボクは。でも、普通はね、なかなか言えませんよ。もうホント困ったなあ、子どもを一人家に置いては、会社行けないなあ、近所の人にかっこ悪いなあ、家の子は普通じゃないのかなあ……と顔に出ちゃいますよ。顔に出るのはしょうがないなと思うんですね。だからまあ、口で言うのは我慢できるかもしれないけど、顔に出る、態度に出ちゃうのは、当たり前じゃないですかね。親に不登校経験があると、あまり出ないんですよ。ああ、もう私と同じだみたいになってね。そうなれば、子どもは結構気が楽なんですけど。

19　おじいちゃんとおばあちゃんは「斜めの関係者」

１９８４年、政府の臨時教育審議会をきっかけにして、日本の教育政策が大きく変わって、そこから日本の教育行政と現場は、悪化の一途をたどっているとボクは思っているんです。つまり、競争原理と自己責任が「自由にやりなさい」という甘い言葉と一緒に子どもたちに注ぎ込まれるわけです（参考：岡崎勝編著『平成の子育てはなぜ難しかったのか。』ジャパンマシニスト社刊）。

その時代に小学生、中学生になったり、生まれたりして、大きくなっている子たちは、そういう昭和の親の「競争に勝て！」という意気込みみたいなものはウザかったわけですね。

さらに今の子たちはもうウザいを越えて耳をシャットダウンです。残念ですけどね。おじいちゃん、おばあちゃんが「学校に行きなさい行動」に出ると、さらに最悪の状態になります。

本来、おじいちゃんおばあちゃんの存在って、子どもにとっては、親がうざったい時に逃げ込む場所だったんですよね。お願いですから、孫が来たら、「また喧嘩してきたの？　困ったわねえ」と言いながら、おやつでも出してやってください。キツイ状態の子どもにとっては「立ち退き場」って言います。その一時「立ち退き場」の場所提供者として、おじいちゃん、おばあちゃんがそばにいたら、それは幸せだなと思います。

そういう場所としてのおじいちゃん、おばあちゃんの役割っていうのは、大きいなと思ってます。いわゆる「斜めの関係者」（親は縦、友だちは横、それ以外の他者は斜めで、その存在のことを言う)。そりゃあ、たまには、おじいちゃん、おばあちゃんが、ちょっと小賢しいかもしれませんが、「お前さぁ、まあ、気が向いたらまた学校行ってみたら?」っていうぐらいは言ってもいいんじゃないかと思いますね。ただ、これで地雷をふんでしまうこともあるので、あまりすすめませんけど。

20 だらしのない生産的でない時間が重要

学校に行けない子に行け行けっていうのは、今は親ぐらいですよ。親の押しつけには子どもはシャットダウンしているので通じないでしょうね。でも、ときに必要なことはどうしても、聴いてくれないことを承知で言わなきゃいけないときもあります。でも基本としては、家は安心できる居場所。休憩できる、疲れた時に充電できることが大事です。

親は充電っていうのは、ソファに埋まって、ぐっすり眠ることとかって思ってるわけですけど、今の子ども達の充電はゲームやったり、テレビ見たり、スナック菓子食べたりとかね。昭和感覚で言うと、だらしのない時間。そのだらしのない時間が大事なんですよね?

いろんなフリースクールをボクも見ましたけど、だいたいみんな、今時の子どもたちはゲームやってるわけですよ。で、フリースクールやたまり場の居場所に入った時は、ペラペラ喋らない子も多いわけです。親は、「ゲームやらせるためにフリースクールに入れたわけじゃない」って言うけど、子どもだって、いつまでもずっとやってるわけじゃないです。やっぱりフリースクールだって5時間も6時間もやってたら止めますよ。でも、心置きなく、親の叱責なしで1時間なり2時間なりゲームをやりたいという子たちが普通ですよね。

だから真面目な親から、「家では30分しかやってないのに、フリースクール行ってからたくさんやりだして困ります！」と言われると、こちらもほんとに困るんだけど、コスパだけ考える親の嫌がることをやるのがフリースクールなんですよね（笑）。フリースクールに入れたら勉強一生懸命するんじゃないかと思ったら、それはとんでもない大間違いですね。

子どもの感覚と親の感覚っていうのは少しずれてて仕方ないんですけど、ちょっと心に留めて子どもと付き合ってほしいと思います。でもね、別に、物分かりのいい親になれっていうことじゃないんですよ。子どもが今どんな感覚か、どんな気持ちかということは知ってたほうがいいと思います。親はずっと見てればなんとなく分かるとは思うんですけどね。「学校休んで良いよ」って親に言われた子は「今日は学校へ行かなくていい。緊張して疲れることしなくていいんだ。やっとホッとできるんだ。ゲームも心置きなくやろう」という気持ちなのかもしれません。

21 自立・自律ということにこだわらない

大抵の親御さんは「子どもにちゃんと自立・自律して欲しい」と願いますよね。自分で立つ自立というのは、これは一人前になって、そこそこ仕事について、身の回りのことをやるっていう意味ですよね。もう一つの自律、これは「自分を律する」っていうことですね。

「自分を律する」っていうのは、自分の中に約束事や決まりとか方針とか、いろんなものを自分で考えて作り、決めて、それに従って動くわけですね。例えば「人の物が欲しいけど勝手に取ってはいけない」という内容のキメがあったとします。それを自分の中に取り込んで、「これは正しいことだな。じゃあ俺も人の物を取るのはやめよう」と。こういったことをずっと積み重ねて、生き方とか暮らし方の中に自分の決まりを作って、社会のきまりと調整をつけて、自分の中で取り組んでやっているのを、「自律」というふうに、「自立」と分けて考えてますね。

両方ともすごく大事だから、声高に「みんなで自立・自律しよう」と言います。学校でもそうです。それから、「自助」というのがあり、これもひとつの自立です。でも、一般的には、自分で何とかしろよって話ですよね。生活保護だとか、そういったことに頼らずに自分でやれよと乱暴に言う人もいます。菅元総理は「自助、共助、公助の順で」という並べ方をしました。

でも、ボクはそんな「自助、共助、公助」なんて言い方はもうやめてもいいんじゃないかと思っています。なぜかというと、ボクたちって子どもをどういうふうに育てたいのかなと考えると、最終的には親の世話にならない。親から飛び立つということ。親から飛び立って、親の全く関係のないところでも1人で生きられる。結婚しようがしまいが自由ですので、それは構いませんが。そういう状態でいくことですよね。子どもが家から出て自分で生活するというのが最終目標だとボクは思っています。

親の心配は当然出てきます。ボクも娘が倉敷のほうで2人子どもを育ててますけど、孫よりも娘のことが気になることもあります（笑）。心配というか可愛いので「うまくやってるかな、元気かな」と気になるということです。自分の子どもたちがうまくやっているかなーって思っているときに、電話かかってくると本当に嬉しいですけどね。親なんてそんなもんだろうなと思ってます（苦笑）。40歳も過ぎた娘や息子に、ああだこうだなんて言えませんよね。だけど元気でやってるかなって、すごい心配になりますよね。

でもね、子どもは大きくなれば、親が心配していることなんか、ほぼ無視ですよ。ちょっと困った時に電話してきても、それが解決したよという電話はないです。だから親は心配しっぱなしでもしょうがないわけですよ。それで十分なのです。

22　上手に依存できることも重要なのだ

だからね、絵に描いたようなうまくいく話、予定調和って言いますけど、「ああ、よかったね、もう安心だね」っていうのは、なかなか難しいことだと思ってます。ですから、子どもたちの自立とか言わずに、まず無理をせずに、困ったときはだれかに話してみるとか、頼れば良いんだよと、依存すればいいと思います。子どもだけでなく親もそうです。何かに依存すればいいと。

なんだか「依存」という言葉はすごくネガティブに聞こえますけど、これは自分がうまくいかない時とか、困った時に頼る場所があるということです。つまりは「公助」でもあるわけです。こういった不登校の会のような「斜めの関係がある」ネットワークに依存するのがいいと思います。困ったときには、話を聞いてくれるように頼めばいいし、アイデアを出してもらえないかとか、頼むところをたくさん見つけるというのはすごく大事だと思います。もちろん、一方で、それを許せるような、大きく言うと社会的環境も変わっていかないと難しいですけどね。ただ、環境が整うまで待ってられないのが現実ですよね。

自分ひとりで頑張んなきゃいけないっていうふうに思い込むのは、本当にいいことはないと思います。八方塞がりで孤立するだけです。不登校だって、孤立しても益はないので、できれば分かってもらえる人たちとゆるめに繋がっていく。そこで悩みを聞いてもらい、答えなんか出なくていいんですけど、でも色んな見方があることが分かると、ちょっと自分の視野が広くなり楽になります。真っ暗な場所でものを探すんじゃないですからね。明かりはちっちゃくても灯っていれば探しやすいのと同じです。

23　支援と善意の影：自分を無防備に預けないこと

一方で、世間で言われる善意とか援助とか支援というのが、諸刃の剣だということもあるわけです。質問にもあったんですけど、教育の機会均等法ってのは、提案された最初は、学校へ行っていない子たちにも学校と同じようなケアをする場として、居場所とかフリースクールとか、いろんなところでも資金的な補償をしながら生活できるようにしましょうということで、教育をみんな平等に、チャンスは権利でもあるし、制度的にも保障しましょうというような趣旨で始めようと思ったわけです。

ところが、実際は論議しているうちに、例えばフリースクールだと、「学習指導要領の内容通りに教育課程を作って、ちゃんとそれに則ってやってるか？」など、そういった報告の提出を義務化しようとするわけです。それをやっていなかったら、給付・支援金は出せませんという話になる。やってる中身がかなり制限・制約されるということで、反対運動が起きました。口を出さずに金を出して欲しいということです。

最初は、フリースクールとかそういった不登校の子どもの居場所に目を向けて、支援してくれるのは、とてもいいことだって言ってたんです。けれど、だんだん法律案が煮詰まっていくと文科省と福祉の厚労省の問題もぶつかってるわけです（支援の最終目標が「登校させること」ということが問題なのです）。

ただ、遊んでいるだけのように見えるフリースクールにお金を出す必要ないじゃないかという声もあり、社会的にも政府の支援しようという思惑と現実の子どもたちのありようが完全にすれ違っているわけです。

ボクらは、エネルギー溜めたり、充電したり、ただ何もしてないことに重要性があることを知っているわけです。子どもたちに理解される、子どもたちを理解する、ということがどういうことかということ。小さい階段なんですけど、ちょっとずつちょっとずつ作っていくんですよ。フリースクールへ来た子どもたちは、もう傷ついてますから、その子たちがどうやって笑顔でみんなとまた遊べるようになるのかということを本当に細かく配慮して、スタッフはやっているわけですよね。でもそこは全然見てくれない、見ようとしないわけです。

この法律で反対の運動が激しく起きました。ボクは行政が口出さずにお金出してくれたら本当に居場所の運営は助かるなと思うわけです。多くの「子どもの居場所」は自腹切って、寄付だけでやっているような状況もあります。小さなフリースクールだと、いつ潰れるか分からないような状況ですよ。学校へ行ってる子どもたちには、人件費とか、机とか、黒板や建物の修理とか、とにかく教育費として考えた時に年間1人当たり100万円ぐらい出ています。学校に行ってない子どもにもその100万円相当なことをしていいんじゃないかと思うわけですよ。そうすれば、ちょっと高めのフリースクールでも行けるし、遠いところでも交通費や旅費を出せると思うんです。

だから最初はお金があるといいなあって、そっちに気持ちが傾きました（笑）。教育機会確保法のことでフリースクールや登校拒否のグループでも賛成派と反対派と分かれちゃって、あんまりいい結果にはなりませんでした。結局、行政が支援するというよりも、ボクたちがそこに依存するんだよねって。支配されるとか、コントロールされるような形での依存だと、居場所が学校の下請けになってしまう。それをやっぱり良しとしないということで、行政の支援は、諸刃の剣なことがあるわけです。だから、居場所とか安心できる場所というのも、すごく難しいです。そういうところにアンテナを張っておかないと、後ですごく困る。

24　放課後等児童デイサービスの位置づけ

放課後等デイサービスっていうのがありますよね。それは、学童保育や放課後の児童の集まる場所とちょっと違っていて、いわゆる発達障害関連に該当するという子どもたちが中心になります。そもそも発達障害ってなんだという問題があるんですけれどね。発達障害の診断を受けたり疑いがあったりするような、また傾向があるという子たちのための福祉と教育が合体したような場所です。それが乱立しました。なぜかというと、補助金がそれなりに出るわけです。

施設側が授業が終わった子たちを学校まで迎えに行って、デイサービスに連れてきて、まあ酷いところはテレビだけ見せて終わるというデイサービスもあったのです。もちろんテレビを見せることが一概に間違っているわけではないです。しかし、子どもたちとどう付き合っていくか、子どもたちが楽しんでそこにいられるかという模索より、ゲージに入れて管理だけしているということなわけです。

要するに放課後等デイサービスが本来やらなきゃいけない療育（これも問題がないわけではないですが）とか専門的な子どもたちの関わりを一切やらずにお金儲けを企む。障害を持っているために放課後に行く場所がなかった子たちの居場所を提供するというのはすごくいいわけですよね。でも一方でそういう企業が出てきてしまったことはちょっと残念です。サービス自体が過剰なこともありますから、そこはケースバイケースなんですけれど。

本当は、子どもの好きなことができるということで、子どもが集まれる場所があるとすごくいいなと思っています。だから、とりあえず家庭がそういう場所になってくれると、近くにそういう場所がなくてもいいのかなと思います。

25 「勉強はやる気次第」がどこでもいつでも原則

それからだれにでも、乗り越えられない壁とか、それからハードルというのはやっぱりありますよね。不登校の場合に、さきほど言ったように、中学生の進路の問題とかが、直面するハードルとして出てきちゃう。一般的には不登校の子たちは勉強する機会が少なくて、塾へ行くのもなかなか大変です。そうすると勉強が遅れるようになって、そういう勉強に関する問題や課題もいっぱい出てきますよね。

そういう時に、どういうふうにして克服していくか、どうやってそれを乗り越えていくかということは無視できないわけです。「勉強なんて必要になったとき考えればいいさ」ってとりあえず無視できるほど自律してくる子もいます。なかなか口に出さないけれど、心の中で「必要な時にやればいいから、私は勉強しません」っていう子もいます。

本当にその時になったら、時間と手間がかかっても、意外とやれちゃうんですよね、これが。だから、勉強っていうのは、多くの子の場合は、元々頭がいいとか悪いとかという問題ではないんですよ。学習は、皆さんご存知のようにやる気がなかったら成果は上がらないですよね。どんなにいい先生がいたとしても、やる気って本人しか出せないんで、私たちは馬に人参ぶら下げて、やる気出させるみたいなことは難しいわけですよね。ゲームソフト買ってあげるから頑張れとかって、そういう一時的なやる気で学習がずっと続くってことはなかなか難しいです。

26 勉強も進路もすべて「チャレンジの場」だと考える

でも、進路については、本人は親以上に悩むことがあるわけです。進路っていうのは、その本質は学校的な階段ですから、学校への向き合い方と似ています。だから、大いに気になる。それで、通信制や定時制を受けてみようとか、定時制も結構今は競争率高くなってますけど、そういうふうに自分で判断して、勉強し始めた時に、上手くいく子もいれば、上手くいかない子もいます。いずれにしても、一つのチャレンジとして周囲は受け止めることが大事かなと思います。

それからそうなった時に初めて塾に行くって言った子もいます。ボクはそういう時にちょっと頑張ろうと思える子だったらいいんじゃないかなと。そのハードルや壁が簡単には乗り越えられないこともあるかもしれないけれど、そういう時にエネルギーを発揮できる子っていうのは、やっぱり家やいろんな居場所で、エネルギーを溜められた子かなと思います。

もちろん、実際には、「もう少し学校に行って勉強しておけば良かった」って言う子もいます。でも、「だから、言ったでしょ」みたいな受け答えはほぼ無駄で、本人にとっては何の足しにもなりません。無責任かもしれませんが、それは人生いろいろだもんね、仕方ないって言うしかないですよね。チャレンジですから、うまくいかないことなんていくらでもあるくらいに思うのが正しい（笑）と思います。

27 親は、一見無駄に見える時間や時期を応援できるか

でも、それ以上にその子にとって、学校へ行かなかった時間や勉強をしなかった時間は必要だったと思います。その子たちにとって、癒されてエネルギーを溜めて飛び立つための準備として必要だった時間なんじゃないかとボクは思います。だから決して「何もしないで、他の子より遅れた」ことだけを取り上げてネガティブにみることが正しいとボクは思ってないんですよね。

そもそも世界には難しいことがたくさんあるなと。それを一番感じているのは子どもなんだから、周りがいろいろ言う必要はないんですよ。だって、子どもがいろいろと良くも悪くも、不登校であることを思ったとしても過去に戻ることはできないので、子どもはそこから、なんらかの将来の生き方を選択をして頑張るしかないわけですから。

周りは応援に徹するしかないんですよ。応援してあげてほしいなあと思います。親御さんから相談受けてもボクはそういうスタンスで話をしています。別に学歴がなくたって、なんらかの仕事ができれば、それはそれで全然問題ないです。自分探しもいいですけど、「自分が充実する、自分が必要とする、必要とされるようななんらかの仕事」ということを考えたらいいと思います。

子どもは、ゲーマーになりたいとか、YouTuber、漫画家になりたいとか、親から見ると、

けっこう大変な仕事じゃないの！　何言ってるの？って思うようなことを言うわけですよ。だけど、そういう時期（自分にはどんな可能性もあると思う、未熟だけど、成長には不可欠な時代）が絶対必要なんですよね。「そんな実現性のないようなことを言ってんじゃないよ」ってことを親には言われたくない。「そうか、大変だけど頑張ってみたら」って、やっぱりそう言えないといけない。

子どもは不安なときに親に突き放されて傷つくと、もう親と話をしたくなくなるんですよね。「だって、私が何言ったってダメって言われるし、言われるんじゃないかな」と思うからです。だから一番困って一番しんどいのは子どもだということをまず分かって、親は子どもと代われないから応援するんだという原則をやっぱりいろんなところで見出していかないと。それが、まだ大人になりきれない子どもと一緒に暮らす大変さだなと思います。

27 トラブルを折り込み済みで子どもと向き合う

「私、発達障害だから」って言う大人の人や若い子がいるんだけど、ボクは、いろいろあるよねっていう捉え方をしますから、別にそれでもいいじゃんって思います。発達障害だということで、本人用や親・教師用など、いろんなマニュアルが出てますよね。いっぺんに沢山の指示を出さないとか、視覚支援とか言って紙に書いて貼っておくと良いとかね。自閉症や肢体不自由などであれば専門家の話も聞きながらやったほうがいいとは思います。

だけど、実は1、2年生で教室をうろついているっていうのは普通なんだと思うのですよ。ボクも小学校の通知表に、落ち着きがないといつも書かれていました（笑）。そういう子は昔も今もいたんです。でも、何が問題かというと、それを見る大人の目が変わったんですよね。

授業中にやかましいと、親が授業参観で「あの子は騒いでる、先生が何もしてくれないとうちの子の勉強に差し障るし、遅れるわ」、みたいなこと言う親がいるわけです。ボクは何を言ってるんだと。1年生がじっと一緒に座って勉強なんかできるわけないじゃん？

しかも1人じゃないです、20人とか30人いたらもう盛り上がりますよ。元気なクラスだとボクは思いますよ。1年生や2年生でシーンとしていたら、それこそ病気です。子どもは熱が高いとか寝ているとか、食べる時は静かなんだけど、あとは普通はやかましいもんなんです。

だからボクはね、大人がいろいろと工夫して考えていくしかないと思うんです。先生にしても、どうやったら子どもが集中できるか？　外に出て行っちゃうんだったら「行ってもいいけど、早く帰ってこいよ」って言えばいいときもあるし、しばらくして、子どもが落ち着いてから、迎えにいくこともあるだろうしね。

子どもの立ち位置に立って、どうやったら子どもが楽しく、ゆったりした気持ちでやれるかというふうに考えたりね。すぐに、「人に迷惑かけるのやめましょう」って先生は言うんだけど、人に迷惑かけるのは普通だと折り込んでいく指導ってあるわけですね。一生懸命やってるゾ！オーラ出してる先生がよくいますけど、あれ、申し訳ないけど、ちょっと迷惑なんですよ（笑）。

ボクだったら音読カードをたくさん印刷して配布するより、ゆっくりと絵本を読んでやったり、みんなで最近どう？って話をしたりしたら、子どもはすごい話しますよ！　ボク、今、３年生の理科をやってるんだけど、だいたい45分の授業で最初の15分は他の話をしてます。「鬼滅の刃見た？」とか（笑）。すごく盛り上がりますよ（笑）。そんな話をしながら、「鬼滅の刃にお月さんが出てくるじゃん。あのお月さんってなんで満月じゃなくて、三日月なの。じゃあ、今日はちょっと太陽と月の話しようか」って言って。

そうすると、子どもが「先生うまい！」とか言ってくれる（笑）。そういうのって子どもは面白いんですよ。絶対にうける。まあ、５、６年生になると、中には「早く授業をはじめてください」って子もいるけど（笑）。そういう子どもとのやり取りを楽しんでいると、発達障害って言われても、あまり気にならないし、ある意味いい刺激にさえなるんですよね！「空気をあまり読まない子」はすっごく面白いです。だから、これはもう本当に先生の姿勢とスキルだと思います。

28　クラスあたりの子どもの数が多くても少なくてもケースバイケース

で、クラスの人数が少ないと、いいことと悪いことの両方があるんですよね。人数がたくさんいると子どもは他の子に紛れてちょっとくらい指示を聞かなかったり、悪いことしたりしても見つかんないんでラッキーですね（笑）。先生も、まっいっかということで、分からないことは友だちに聞いて、なんとかつじつまを合わせてねという感じになる。

ボクは、小さい頃、ま、昭和の話ですけど1クラス50人くらいですね。本当にクラスの人数が多かったので、すごく楽でした。授業が終わりぐらいになると、休み時間に野球やりたくて、校庭で早く場所を取らなきゃいけないので、チャイムが鳴る前に出て行かなきゃいけないわけですよ。先生にも気付かれないからラッキー。

でも、教える立場からすると、勉強が不得意な子にちょっと教えたい時は、人数が少ないほうがいいなと思うわけですね。原則は「少ないほうがいい」ですよ。ただ20人ぐらいの学級ですごく嫌な先生だったら子どもはめちゃくちゃかわいそうですよね（笑）。50人位の数なら嫌さも分散されるけど（笑）。これはね、先生と子どもの関係だと思います。だから教育ってそんなに簡単なものじゃないと思います。

29 冗談が通じないようになったのは良くない状況

あと、今の子は、友達と話していて、「なんかお前、変」とか言われると落ち込むんだよね。すごくセンシティブなので、ボクも、冗談は本当に言えなくなりました。冗談言うと、まともに受け止めたりするから大変です。高学年になると、かなり冗談が通じるんですけどね。

若い先生が辞めたいと相談くるんですよ。この前も話を聞いたら、「私は気を遣いすぎてるような気がします」って。先生もセンシティブな若い人が多くなったかなと。学年主任に気を遣ったり、保護者に気を遣って、なんか毎日がしんどいですって。大変だよね。「まあ大変だから3

カ月ぐらいちょっと休暇とって休んでみたら?」って言うんですけどね。身体でも心でも「疲れたら休む」というのは原則ですよ。でもやっぱり休むとみんなに迷惑かかるからって休めない。でも休まないでぶっ倒れたり、いきなり退職しちゃうほうがよっぽど迷惑なんですけど。早めに休んで欲しいなあと思います。

30 女の子と男の子

女の子たちはアイドルの推しが重ならないように話したり、周囲のイツメンにすごく気を遣って苦労してますよ。「プチ・ニコラ」なんていう少女雑誌をたまにボクも買って、変なおじさんだって言われるんですけど(笑)。雑誌を読んでると、投稿欄なんかそんな話ばっかりですよね。彼女たちは、キャラ立ちしすぎないようにしなきゃいけないけど、それなりには目立ちたい、集団に埋没するのは陰キャラだとラベリングされるという非常に微妙なことですね。

男の子はそういう意味で言うと、女の子に振り回されてなかなか対抗できない。全体的に、男の子がちょっと元気ないですよね。もともとね、男女混合になって論議するときなんかは、男の子の元気ないのは普通なんですよ。

あのね、性衝動がぐっと高まってきて、女の子を見てときめいたりするような時期っていうのが、本当に遅いし、短くなってきてるような気がします。ちょっと男子が興味を持って、不器用に女の子に接近すると、すぐストーカーとか言われるでしょ? 女子のそういう口撃(こうげき）は本当に困るんです。

この前も学校の廊下で、教室移動のとき、２人の女の子がボクの前を歩いていたんですが、振り向いて先生ストーカーだとふざけて言うんだよね。ボクはちょっとムカついて、そういう言い方はやめろって真面目に怒ったんですよ。ふざけて「セクハラ」とかっていうのもちょっとおかしいと思います。相手を見て冗談を言えよ！と。笑ってやっているうちはいいんですけどね。

ボクでも面倒だなと思うくらいだから、男の子たちの多くは、けっこう気をつかっているんです。ま、気をつかっている割には伝わってなくて（笑）。

31 SNS問題

そして、人間関係をどうやってうまくまわせばいいのかっていうことも。今、小学生でも半分ぐらいの子たちがＳＮＳやってます。１人１台タブレットになって、今まで以上にチャットする機会が多くなって、いじめやトラブルがあって、困っちゃいます。ボクも学校の子どもたちとはラインはやりませんけど、ラインは「面と向かってしゃべるより本音が出るし、簡単でいい」という子たちがたくさんいます。だからそれはそれでいいのかなと思いますが、元気な子たちはできるだけリアルでやってほしいという気がします。

31　少人数指導の意味と可能性

質問が三つぐらい来ています。

「1クラスの生徒の数は7人から15人でいいんじゃないですか？　今だと多すぎるのでは？　こんな大人数を先生1人で見るのは大変じゃないか？」

……おっしゃる通りですね。この人数の問題って、多い少ない両方、それなりにいろいろあります。先ほども言いましたが、善し悪しをそれほどはっきり言えない場合もあるんです。

今も昔も、子どもの集団というのは、勉強できる子、できない子、真ん中ぐらいの子がいます。まあそういう、いろいろな子がいるのが普通だよねっていうような社会的了解があります。

全員が大学に行くわけでもなければ、全員が就職するわけでもない。勉強がすごくできても、家が大変だと高校に行けないとかっていう昭和の時代は、学級の子どもが大人数でもかまわなかったわけです。とりあえず、人は人、自分は自分だから、自分で頑張るしかないっていうデフォルトがあった（ま、今でも本質的には同じかもしれませんけど）。

勉強が不得意な子が、もっとちゃんと教えてください先生！なんて言わなかった。どっちかというと「放っておいてくれ」「できるようになったって、家には大学行けるような金はない」みたいな。授業だって、早く終わらないかなと、早く遊びたいし、家の手伝いもあるし……って思ってるだけですから、あまりクラスの人数は気にしなかった。今でも、子どもたちは、あまり気にしていないように思います。

だけど、今は学習権保障の問題とか、教育機会確保法の問題もあって、みんながやっぱりちゃんとできなきゃいけないいんですよ。みんな勉強できるようにしましょうっていう基本の中で、やっぱり人数が多いというのはきついですよね。

ボクも残して勉強を教えたいときもあるんだけど、残すと「帰りは誰が送ってくれるんですか？」とか言われちゃうし。塾とのからみもあって、塾でこんなに丁寧にやってくれてるのに、学校でなんでやってくれないんですか？みたいな声もあったりして。ちゃんと教えなきゃっていうプレッシャーというのはボクらにはありますよ（多分？）。

だから、学級あたりの人数が多いのは本当にきついです。そこで、授業中にはＴＴ（チーム・ティーチング）でサポートの先生が余分に入っている学校がたくさんあるんですけど、不登校の子たちも、別室でもいいから丁寧に教えてもらえれば、勉強が分かって、ずいぶん違うだろうなと思います。だから、現代では勉強ができるためのとりあえずの条件整備というのはすごく大事かなと思います。

32　教員を増やすことと同じくらい大切な環境整備（労働条件整備）

でも、ボクは現場にいるので分かるんだけど、人間を増やすとか減らすというのは、行政の裁量・指導なので、なかなかボクらの声が届かないということで、ちょっと絶望的なところあるわけです。教育委員会や文科省では増やしているって言ってますけど、増えたのは常勤や非常勤の講師ばっかりですよ。正規職員って、そんなにたくさん増えてないんですね。まだまだ不十分です。教師全体は微増・増えつつあるんだけど、子どものことについて話す時間がほとんどないです。ボクなんか、今は非常勤講師で午前中勤務なんです。だから、先生たちとゆっくり、子どものことについて話すってなかなかできないんですよ。休み時間ぐらいしか。

だからそういう連絡とか調整ができないような状態で人が増えたって意味がない。逆に混乱するだけですね。だからボクは今重要なのは、やっぱり子どもの人数を減らすと同時に、教員達がゆっくりと子どもについて話し合える、考え合える、研修できるようにする環境整備と労働条件の整備です。それを同時にやっていかないと、人だけを増やせばいいって話ではないです。

これはどんな仕事でもそうでしょ？　例えば非正規の人が入ってきたりとか、派遣社員の人が来たって、最初は打ち合わせをやったり、しばらく大変ですよね。仕事のことで、お互いの了解事項を確認するっていう。学校なんて特に現場で学んでいくという「オンザジョブ・トレーニング」が主ですから。それに、毎日子どもの状態は変わっていくし、家庭からの話も微妙に変わることがいっぱいあるので、連絡なしでは無理なんです。だからちゃんと学校の正規教員を増やして、同時に環境も整備していくことだと思います。人を増やして終わりってのは、逆に悲惨さを増します。

33 「好きこそものの上手なれ」が原則で「時には背中を押す」こともある

それから、「運動・スポーツに関しての質問」が出てきました。親がその子どもに運動やったほうがいいよと、部活とか運動のサークルとかに入れたわけですね。本人はやりたくないけどいやいや行っている。不登校になったりして、家に居ることが多いと体は動かしませんから子どもに対して運動というのも、やらせたほうがいいんじゃないかと。ボクは基本的に子どもが運動、外遊び、そういうのは大賛成です。

ただ「いやいや、取り組んでいる」っていうのだけがネックなわけでしょ? 世の中には生きる上での壁とかハードルがいっぱいあるわけですよね。だからそのひとつとしては、不登校で結構傷ついちゃったりしてても運動やるというのは、あくまで提案としてだったら悪くないと思います。

ただ、無理やり引っ張っていくというのは、まあ学校と同じでやらないほうがいいと思います。本人の意思がまず必要なんですよね。ただし、やらせたい時にも本人と話して、例えば、「ちょっとサッカーの教室があるから行ってみない?」と。「ちょっと体動かしたらいいと思うよ」って、「なんかこのままいると、どんどん食べるばっかりになって、健康でなくなったら元気にならないよ。だから3カ月でもいいから行ってみない? 3カ月行ってさ、おもしろくなくなったらやめればいいじゃん」っていうぐらいの条件付きでね、いろんな提案をしてみる。

だけど、「やり始めたら何が何でも最後までやるんだ」という昭和根性はもう消費期限過ぎていますから、「嫌ならやめてもいい」という条件で、いろんなことを子どもに提案することがあっていいと思っています。これは不登校の子でなくたって同じです。

とことんやってほしいという親御さんにとっては中途半端にやめると、この子は何をやってもできないのかしら?みたいに思うけど、それは全然違うんですよ。昔は「石の上にも3年」で、我慢して仕事でもやれば自分のものになるんだって言ってたけど、今は3年我慢したら、本当に再起動できなくなっちゃうんですよね。だからやめたいときは、もちろん状況もあるから簡単には言えませんけど、やめる選択をまず認めるっていうのは、結構大切です。

もちろん続けて頑張ることがあっていいと思うんですけど、やめる選択をしたからダメな人間ということはないとボクは思っています。できれば健康なうちにやめたほうがいいですね。親子関係が悪くならないうちにやめたほうがいい。

不登校の場合、特に親子関係を悪くしてまで獲得するものはないと思ってるんですよ。毎日ご飯食べてる時に嫌な雰囲気で食べてるって、これ最悪じゃないですか。これは別に不登校と関係ないんですよ。親子関係を良くするためにどうしたらいいかということを優先順位において、子どもと駆け引きしていくといい。緊急性のあるときとか、命など重大な問題がおきたときは、親の権力を発揮してもいいと思うんですけど。「頑張って」ということは言っちゃいけない……のではなくて、時には「背中を押して欲しいとき」だって子どもにはありますよ。原則は「好きこそのもの上手なれ」だけれど、あくまで原則を忘れないで、誘うってことだと思います。

34 行政主導の「不登校の支援」はよく見ないと、リスクが大きい

3つ目の質問。「現役の教員って、今のままで何もしないで不登校の子どもたちが減ってくると考えているんでしょうか？」と厳しい指摘ですよね。教員が行動するというとき、学校現場の中だけでしか動かないのはおかしいとボクは思っています。行政にも意見や異議申し立てをして、うんと関わっていくべきだと思います。ボクは経験的にですが、大原則として行政は要求して言わなければ動かないと思っています。

1つ例を出すと、名古屋で制度化されている「子ども応援委員会（子ども応援プロジェクト）」ですね。困った子どもを応援しようと。それで、不登校の子たちも応援しようということで、何をやったかというと、臨床心理士とか、退職警察官とか、民生・児童委員とかそういったもろもろの人たちが善意で、不登校の子たちを登校させるように援助しましてね。

これは教員たちも喜んだわけですよ。不登校の子どもたちへの働きかけも難しくて、時には持て余してる感じで、全然子どもたちが学校に来てくれない。で、応援委員会のみなさんに家庭に行ってもらおうということになったわけです。

ボクは、「いきなりはやめとけよ」と言ったんですね。行ったらとんでもないことになるよと。でも、親のほうも要望したんですね。親も子どもを持て余してたんですよね。それで応援委員会

の3〜4人が行って何やったかって言うと、学校に行こうって話をするわけですね。

考えてみてくださいよ。見も知らない人たち（笑）が「学校に来させよう」というオーラを出して突然、家までやってくるわけです。

ボクは行くんだったら、最低でもまず子ども本人に「行っていいか？」と聞いてから行けよって言ったんですけど。担任が一緒に行くのは、断られました。けれど、その子のためになるからと他の人は行く。「その子のために」っていうフレーズが、すぐ出ますよね。

どうなるかというと、怒った子どもは「もう二度とお前ら来るな」と言って、彼らを呼んだ自分の親との関係がめちゃくちゃ悪くなってしまいましたね。親ともしばらく険悪な状態になります。ひょっとしたら、親に暴力を振るうことだってあったかもしれない。どうしましょうと、再度親が学校に泣きついてくる。仕方ないので「しばらくは、学校に行くって話をしないほうが良いですよ。とにかくまず子どもに『あなたの話聞かなくてゴメンね』って謝りなさい」って言いました。なんとか半年ぐらいかけて修復していったんですけど。

行政は現場の複雑さや多様性が分かっていないので、本当に必要なものと本当に余計でやってもらっちゃ困ることが分からないんですよ。支援になっていないのです。

35 「教育機会確保法」の問題と課題

まあ、こういう制度以外に、「義務教育の段階における普通教育に相当する教育の機会の確保等に関する法律」(略して「教育機会確保法」)ができたので、それなりにその法をうまくテキトウに利用することはできるでしょうから、当事者から要求書を出したり、定期的に面談をしたりとか、行政をつついていろんなことを約束させるのは大事かなと思います。

ただし、「学校復帰が前提」というのは、残念なんだけど、「教育機会確保法」の中ではもうそれが暗黙の了解になってるんですよね。多様性と言いながら、これを作った経緯が学校復帰が目標で作っているので、結局「不登校を正す＝学校へ出てくる」というキメが、前面に出てきちゃったんですね。

だから、不登校支援に関わる人の中にはやっぱり学校的なフリースクールとか、学校酷似の場所、校内フリースクールっていうのを作る方向に、どうしても向いちゃうわけですね。そうなると、それを良しとしないフリースクールや居場所作りをやってる人たちもいるので、そこは合わない。

ボクも子どもたちも言われます。フリースクールで、「岡崎先生は学校の匂いがする」と。ううむ、ごめんなさいですけどね、しかたないんですよね。47年教員やってきて、身振りが誰が見ても教員だよねって言われちゃうわけですよ。言われてもごめんと言うしかないです。

教育機会確保法は、学校に対して異議申し立てをしたり、それから学校復帰を第一の前提とすることに対して疑問をもっている人たちにとっては、なかなか遠いわけです。ですからことほどさように、行政が色々と提案してきたものや、教育委員会が作っている、「適応指導教室」みたいなものを受け入れる前に、問題はないのかと考えたり、適応指導教室と市民の交流をしてみるとか、ちょっと突き放して見るということが大事だと思います。

臨床心理士だったら多少はましなこともありますが、現役時代不登校に対して理解がなかったような退職教員や校長が対応している「適応指導教室」なんて「ひどい場合」が多いです（笑）。平成後期から、カウンセリングマインドって言うようになりましたが、ボクはあんまり好きじゃないのですけど。カウンセリングも無理やり行かせるということはしなくなっているんですね。ただ、「学校行け行けオーラ」が出ていると、子どもは敏感ですから、拒否反応を起こします。

36　不登校の子どもたちと話すっていうこと……

子どもと話そうとするときのことで思うのです。まず最初に、親から聴いたのですが、適応指導教室では、結局、子どもに「行けないのはなぜ?」とよく聞くらしいですね。「勉強がちょっと苦手で」というのはあまり問題ないかもしれませんが、「いじめられた」とか「先生が怖い」と言うと大騒ぎになってしまう。実は気を配る子どもたちは、そういう自分のことを聴く大人に対して、何か理由を探さなきゃいけないということで、分かりやすい理由を探して言っていることもあります。もちろん、全部嘘だということでは全くないのです。でも、不登校の子たちの中でそういう周囲に気をつかって「分からない」とか複雑な心情が説明できない子は必ずいます。

子どもの聞き取りというのはとても大事だと思います。でも、子どもの聞き取りが一番できるのは親なんですよね！　不登校で、子どもに会ってくださいとボクに相談してくれる親御さんがよくいます。それで、子どもを連れてくるんだけど逃げちゃうんですよ（笑）。喫茶店で会うことになり行くと、お母さんが泣いていて、どうしたの？って言ったら「子どもが来てくれないんです」って言う。

でもね、それって普通ですよね、絶対に。だって、良い人であろうと悪い人だろうと、子どもが納得してないのに無理に連れて来て、知らない人と話をしなさいっていうのはちょっと暴力に近いですよね。だから病院でもそうだけれど、心療内科を受診するにしても、児童精神科に連れて行くにしても、親の都合だけで、子どもを連れて行くことは、慎重にやって欲しいと思っています。

37　行政当局や学校などと話し合う、交渉する、抗議する……とき

ちょっと戻りますけど、やっぱり行政に物申すっていうときに、いちいち役所まで行くのめんどくさいかもしれません。だったら、文章に書いて、郵送してもいいんです。申し入れしてみるとかね。で、こちらの疑問や問題点を出して伝えたら、必ず「返事ください」って念を押すとか、そういうことが必要だなと思います。

ただ、異様に長文になってしまうのは、気持ちは分かりますが、考えたほうがいい。手紙なら、一度誰かに読んでもらって感想を聞く。気分が高揚したときには書かない……など、ちょっと気

を付けたほうがいいことはあります。

今は、コロナ禍でもあって、昭和の時代みたいにみんなで役所に押しかけるみたいなことは、なかなかできないです。昭和の時代は、教育委員会にみんなでわーっとアポイントも取らず、押しかけて、本当に真面目に真剣に「非常識」（笑）なことをやってたんですよ。だけど相手に怒りは通じる。

そこで少し間を取って、お互いに、まあまあまあと言いながら話をして教育委員会もこんなに来られては困るなとなって、話し合いの場を持ってくれるとか、官僚的な考え方や対応に融通が利く人たちがいました、行政当局にもね、少しですが。

今はもう、そういう役所の人は絶滅危惧種ですね。だからボクなんか本当におとなしくなって（笑）やってるんですけど。正式な当局交渉なんかがあったりするとやっぱりそれはもう当然、良いか悪いかはともかく、当局はどう考えるんだ！　なんだよ！って、語気を強めてやってくしかないんです。

38　学校も結局、ヒマ、ゆとり、余裕が不可欠なのだ

現役の教員や今の学校は、はっきり言えますけど、複雑な問題や対応マニュアルのない問題についてては、ほぼ思考停止してしまいます。で、理由としては、教員が忙殺されているということがまずあります。だから考えるヒマがないんですよ。ヒマ（余裕）がないと考えないのです、本

来人間ってね。試行錯誤すらできないということです。さらに、組織的な経験知も貧困になってきています。

つまり、考える時って、すごくトラブルが起きてどうしようかなって考える時と、のんびりとちょっとしたゆとり（余裕）を持って考えるほうがいい時とがあるんです。この緩急が対応能力や多様性への向き合い方を望ましいものにしていくとボクは思っています。

例えば、まあ、とりあえず一つ仕事が終わったけれども、気が抜けてホッとするゆとりがあれば、ちょっと俯瞰的に、ゆったりとね、今までのことを反省もできるし、次のことをやろうと思ったらどうやって組み立てていこうか？　集団で考えられるんです。

それから子どもが不登校になった時に、担任が「来ないんです」って行った時に「来ないの？　そう、カウンセラーはいつ来るの？」で終わっちゃうんですよね、今は。昭和くらいまでは、学年で集まって「Aちゃんが来ないから少しみんなで話し合わない？　どうしようか？」っていうようなことを、すきまの時間で、お茶飲みながら、普通にやっていました。それで実際に動くとなれば、超過勤務になることは時々ありましたけど、仕方がないなという感じでしたね。時間外に残ってやってましたよ。でも、今みたいに毎日の長時間勤務はあり得なかった。

考える時間を日常的に作って、優先順位を高くして昔はやれてたんです。１９９０年以降はどんどん勤務の密度が上がり、長時間労働になり、緊張が増していきました。さらに今は、コロナ禍で、それからタブレットも入ってきて、もうてんやわんやで、２クラスしかない学年ですら話し合いができないです。もう本当に大変です。だから、忙しいと、「何が問題か?」ということも考えなくなるんですよ。肝心なことを考えないですよね。

39 結局自分でなんとかするしかないかなと思っています、簡単じゃないけど

ボクは、今、学校って、繰り返しますが、目の前のことだけで右往左往して、本当に無思考状態だと思ってます。お上(文部科学省、教委、管理職)から降りてくる計画や指示に対してどうやって反応するかを考えている時間が仕事のほとんどですよね。だからボクは、教員の仲間たちの集まりで話すのは、「とにかく自分で仕事を1つサボってでもいいから、考える時間を作ってください」って言ってます。

よく、ボクに対し「雑誌の編集もやりながらよくやってますね!」とかって言われるんだけど、スーパーマンじゃありませんから、やってないこといっぱいありますよ。まず、やりたくないことはやらない。正直、学校っていらない文書がたくさんありますから。でも出さなくても処分されたこと1度もないです。なぜかというと、子どもに近い順番に仕事をやっていくという原則を校長先生にも訴えて、認めてもらってます(まぁ、無理矢理認めさせている(笑)感じはありますが)。スポーツテストとか、いろんなアンケートとか、ボクはやらなかったです。それが許された時代だったかもしれません。今だったらそれダメって言われるかもしれないけど(まあ、当時もダメって言われましたけど無視したわけです)、でも単純に考えると、やっぱり教員が減ら

す工夫するしかないんですよね。管理職から「時間をあげるから考えてください」なんて言ってくれるのを待ってられないんで。

まず仕事の内容を吟味して「それ、必要ですか？」から始めるんです。たとえば、今、1人1タブレットになってとんでもないことになってますけど、子どもが本当に使えるの？って思います。まだ1年生には早いよなぁと思います。

この前、「先生この字は何て読むんですか？」「これは削除って言うんだよ」「これで消えるんですか？」みたいな状態です。1年生に「削除」の字を読ませるようなソフトを使っているってこと自体がもう間違っているし。だから政策としてさっきの行政じゃないんですけど、とにかく配れば、オンラインでみんなが休んでも授業できるとノー天気に思ってるんでしょう。だからそういう時代なんですよね、今。ですから、教員は、あえて一人ひとりが自分で自分の時間を作るしかない。勇気がいるかもしれませんけどね、そんな気がします。

40 「つまずく」ことを絶望せずに肯定的に受けとめること

最後にこれだけは言っておきたいことがあります。不登校とか登校拒否とか障害も含めてそれをね、「つまずき」と言ってもいいんですけど、期間が長かったり短かったりするんですけど。ボクは、人間はそういう「つまずき」だとか、いろんなハードルだとかを、他者を支え、あるいは支えられながら、自分で超えていくことでしか人間は大きく成長しないと思ってるんですよ。

実際に、たまにしか学校に来ない不登校の子たちがボクの顔を見て「先生！」って言って来てくれる。そういう子たちを見てて本当にね、2カ月3カ月でどんどん成長してくるんですよね。やっぱり子どもって確実に大きくなる。その「つまずき」が、不登校なのか障害なのか、それとも突然友達にハブられたりするのか、いろんなことがあると思うんだけど。いじめですら自分の力にしていく子もいます。

もちろんそれが良いんじゃないんですよ。だけど、たまたま自分が出会ってしまった困難に対して、それを排除するとか、ネガティブに考えるというよりも、「自分を育ててくれる」という面もあると思います。

綺麗事かもしれないけど、「理想を捨てたら人間って本当に惨めになる」と思うんですよね。だから、どんなにしんどいことも、完全に解決しなくてもいいから、その時間を耐え忍んでいくことだって、自分の身になるんだと、やっぱり成長できるんだと、そういうふうに考えていかないと生きてる甲斐がないとボクは思ってるんですよ。

これはいくつになってもね、同じです。ボク自身、今もそうです。だから、どんな絶望的な状況でも、その絶望的な状況を耐えることで、しっかり目を開けていれば、次の光が見えてくることがやっぱりあります。でも、1人でじゃなくて、仲間とそのことを話したりしながら、乗り越える、そこを凌いでもらいたいという気がします。親も子もね。他者と共にあれ！なのです。

そうやって考えると、不登校って、そこを乗り越えた段階ですごく力になるんですよ。ボクにも全然わからない生き方の枠を本当に彼らはよく知っています。しんどい時の気持ちがふっと言葉に出たりとか、友達に優しくできるような言葉が出たり、ボクら大人にはとてもやれないことをやるようになるんですよね。だからそれは本当に、うまく言えませんけど、「人間っていいな」というふうに具体的に実際に思う瞬間がよくあります。

もちろんね、ネガティブに考えたり、逃げたい時はいくらでもあるんだけど、大きく自分の生き方から見れば、あの時頑張ってたなあ……っていう自分が必ず見つかると思うので。それをボクは信じて、子どもとは向き合ってますけどね。だからこれからも元気にやっていきたいなと思っています。歳なんですけどね（笑）。長い間、話を聞いてくれてありがとうございました。

以上です。

＊録音テープを「文字起こし」してくださった浅見さんはじめ、「静岡・登校拒否を考える会」のみなさんにお礼申し上げます。

【以上の文章は、講演の記録に、岡崎が加除訂正し、編集したものです。岡崎】

バトルの現場

II

ICTとデジタル化・コロナパニック・性教育の迷路

1 学校のデジタル化問題

問われた「学校の意義」

オンライン授業さえあれば学校はいらない⁉

新型コロナウイルス感染拡大で2020年3月、全国一斉休校になったとき、オンライン授業の普及を急ぐ声があちこちで上がった。政府もオンラインでの学習が全国の学校でできるように環境整備を急いだ。翌年の4月には多くの学校で子ども1人に1台タブレット端末が配布されることになった。

私の勤務している学校でもタブレット収納庫設置や通信環境の整備などの準備が行なわれた。こうしておけば、万が一、再度コロナ感染拡大などの理由で学校が休業になっても、子どもの学習は保障されるという「気分」にはなれそうだ。

だが、本当に学習は保障されるのだろうか？ オンライン授業が試みられた2020年、「オンライン授業があれば学校そのものは不必要なのではないか」という疑問が投げかけられた。不登校の子どもたちを持つ親や、フリースクールなどの関係者の中にも、そんな思いを持つ人がいたかもしれない。

皮肉な話だが、コロナ禍により初めて学校の存在意義が問われたのである。「学校なんかなくても、オンライン授業が充実すればいいんじゃないの」という、学校にとってはネガティブな形ではあるが。

感染拡大をきっかけに問われた学校の存在することの意味について考えてみたい。

「学校がないと困るんです」という親たち

明治以来、端的に言えば、学校教育は政府により、「近代国家形成のために国民を教育すること」を目的として学校建設とともに進められた。そしてそれから150年あまり学校の本質はあまり変化がないように見える。

私は1976（昭和51）年に教員になったのだが、そのころは「専業主婦」がまだ多く、子どもの調子が悪くなって早退するとき、保護者にお迎えを頼めば大抵は学校へ親（母親が多い）が急いで来てくれるものだった。

しかし、80年代半ばになると、「先生、ゴメン！　夕方まで子どもを保健室ででも寝かせといてよ」とすぐには迎えに来られない親が目立ってきた。「両親共働き」という家庭が増えてきたように思う。

今は、共働き世帯が圧倒的に多くなり、短時間でお迎えが期待できる家庭は少なくなってきている。さらに地域差、所得格差などによっても「お迎えの迅速さ」に大きく差が出ている。勤務先の会社も、早退しやすく子育てに配慮のあるところばかりではないからだ。一人親家庭であれば、特に「緊急のお迎え」は難しい。

それに最近は休日の行事が敬遠されることも多くなってきた。「休日だから父親も参加しやすい」という平成半ばまでのアナウンスにそれほどインパクトはない。確かに父親の学校行事参加は「イクメン」などと揶揄《やゆ》され増えてはいる。しかし、なぜ休日の学校行事が嫌われるかというと、子どもたちの代休が平日に設定されるからである。平日の代休では家にいる子どもの面倒を見る人がいないということである。

まだ土曜日開催の運動会は健在であるが、一人親家庭が多くなり「久しぶりに子どもといっしょにお昼が楽しく食べられました」という親の声もある一方、「平日に代休は困るんですよね」という声もある。

また、「非正規雇用なので、土日勤務を引き受けないと、どうしても収入が少なくなるんです」という親もいる。つまり、世間では休むことのないサービスを期待されている仕事が多く、だれかの我慢（≒犠牲）で成立している社会でもあるのだ。

第1の機能は託児、子どもの居場所

私自身は80年代から託児所機能を学校の第一義的な機能だと考えてきた。国民を知的、文化的、かつイデオロギー的に養成することよりも、実質的な学校の機能は託児所としての子どもの居場所なのだと。大人が日中、安心して仕事に励めるように、子どものための時間と空間を保障するために、子どもを預かり、生活させる場所が重要な学校の役割である（「学校託児所論」）。

こうした考え方は多くの教育関係者にとっては、「子どもの成長や発達を担う」という学校教育の理想と隔絶しているように感じられるらしく、「学校は勉強するところなんだから」などとなかなか賛同を得られなかった。

しかしながら、社会構造上、学校教育制度は、子どもをいったん現実の大人社会から隔離し、安全に預かり、夕刻に保護者に返すという機能から逃れられないし、安心して学校に子どもを預けられてこそ、大人は仕事に携わることができるのだ（「預かって無事に帰す」機能に着目して、「学校駐車場論」を展開した知人もいた。ちゃんと預かり、無傷で返す――子どもは自動車ではないが、言い得て妙である）。

さらに、高度経済成長後、ものづくりの後退という産業社会構造や労働形態の著しい変化・変容によって、深夜労働や、働く日や時間が不規則なサービス業が増えているので、「日中」だけでなく、夜遅くまで、保育園や塾などの子どものケアは必要になってきている。

そういえば、学校週5日制が本格実施（1995年4月より）されたときも、土曜日の子どもの居場所がなく、親たちが右往左往したことは記憶に新しい。つまり、「学校は子どもの生活の場」という厳然たる事実が改めてコロナ禍で確認されたのである。

勉強するところじゃなくて……？

ここへ来て、改めて学校の機能を再認識し、硬直化した学習カリキュラムや知育に偏った学習、融通の利かない校則、「できる―できない」にこだわった指導や成績競争中心の学校のあり方を問い直してもいいのではないか。少なくとも「休業すると勉強が遅れる」という不安や焦燥感だけは問い直すべきだと思う。学校の機能を生活の場・託児と考えれば不登校も減るのではないかと思うのであるが……。

1　学校のデジタル化問題

楽観的すぎない？「オンライン授業」加速

理科実験の授業は教師の腕の見せどころ

「先生、線（エナメル線）がからまって、ぐちゃぐちゃになったんだけど、どうしたらいいですか？」「先生、うまく皮（エナメル）がむけません」「先生、モーターが動かない」「先生、なんか変」と子どもたちが訴えてくる。５年生理科の「電磁石の性質」で作っている電磁石モーターの実験作業である。

理科の実験は子どもたちに人気のある学習であり、理科室は盛り上がる。ところが、今回は電磁石やモーターのキットがうまく組み立てられない。教室には、子どもたちのいらついた雰囲気がだんだん充満してくる。ここが教師の腕の見せどころで、的確なアドバイスをしたり、大事な部分の修正を手伝ったりして、子どもたちの集中を持続させなければならない。決して「めんどくさい」「もう、やめた」「だれか、代わりにやってよ」と思わせてはならないのだ。

こういうときに「設計図をよく見れば分かるでしょ」「何やってるんだ！」「ああ、もうどうしようもないね」という教師の安易な叱責やつぶやきは厳禁だ。親だったら、叱った後で、おいしいおやつでも食べさせれば、子どもの気分は良くなるかもしれないが、教師は子どもたちにアメは配れない。根気よく彼らの意欲も製作もサポートしなければならない。

小学生を育てている親なら知っているだろうが、学校で学習する工作や理科などでは「セット教材」がよく使われる。作品作りの材料や実験器具が1人分ずつコンパクトに箱に収納されている。500円前後で、至れり尽くせりのセットである。

例えば高学年の理科で使う電磁石のセットには、鉄芯とエナメル線、モーターのキットが入っている。10年ほど前には、エナメル線と鉄芯が2本だった。つまり、引きつける力の違いを学習するために、エナメル線を巻き付けて50回巻きと100回巻きの電磁石を自分で作った。

ところが、最近は、100回巻きはすでに作ってあり、子どもは50回巻きだけを作ることになっている。エナメル線を鉄芯に100回巻くという作業は大変で時間がかかるからだ。しかし、たとえ50回でも、しっかり巻くという作業は子どもにとってかなり難しい。

束ねてあるエナメル線を上手にほどきながら、鉄芯に巻くのだが、当然、束ねてあるエナメル線が途中で絡みほどけなくなる。ほどけなくなると、子どもは強引に引っ張ってしまう。ますます絡む。理科の電磁石実験が始まる前に、子どもたちは苦戦するのだ。きっと近々、エナメル線を巻く作業は省けるように、50回巻きと100回巻きの電磁石の完成品がセットに入るだろう。

リアルでアナログな体験をわかちあえるか

子どもたちの手の器用さや技術は、毎日の生活の中でしか養われない。「手の動きは脳の発達と関連しているので、できるだけ、日常的に手を動かし技術も身につけることが子どもの成長には大事なのだ」という教育の定説があるが、最近は習い事などで親も子も忙しく、「そんなことをやっている余裕がない」というのが子どもたちの生活である。学校も学習指導要領の中身が増えているので、とにかく「こなしていく」しかない。

その結果、子どもたちは、昭和時代の割りばし鉄砲も、輪ゴムを伸ばしてかけるという作業ができないので作れない。ひもや糸を使った工作も、ひもが結べないので無理。靴ひもが面ファスナーに変身して久しい。輪ゴムの止め方やひもの結び方から教えるのは大変である。教えるということは手間がかかるということだと改めて思う。

友人の教師が言う。「電磁石の性質の学習なんだから、エナメル線を巻く作業なんて無駄ですよね、面倒だし、時間ばかりかかって」と。確かに……。

だが、エナメル線を苦労して巻き、たとえ不格好なでこぼこの電磁石でも、クリップを引きつけるというあの感触を味わう体験は重要なのではないかと思う。鉄芯にきつく巻きながら、電磁石の重みを感じるということが。「もっときつく巻けば引きつける力も強くなるかもしれない」という感想は自分で巻かなければ持てない感想なのだ。

さらに、子どもたちは1、2、3回……と数えながらエナメル線を巻くのだが、50回まで数えることもなかなか難しい。途中で、何回かが分からなくなる子どもも少なくない。巻くという緊張した動作で同時に数を数えるという集中を持続することが意外と大変なのだ。途中で回数が分からなくなってしまった子の巻き直しを手伝いながら「がんばったなあ」と言うとニコッと笑う。

成功も失敗も「社会的なもの」だと学ぶ

素朴で単純な手作業に見える、こうした活動の中にも貴重な「体験」があると私は思う。学習の要点やまとめの文章を書くだけなら数行で終わる。実際に作らなくても写真資料、ビデオクリップや「NHK for School」の動画サイトで十分かもしれない。しかし、実際に手を動かし、失敗を繰り返し、ヤケになったり放り出したりして、そして友だちを助けたり逆に助けられたりしながら「完成」を目指すリアルでアナログな学習は子どもたちの成長に不可欠なのだ。

学校という場で、学習への取り組みが、学級や学年という集団の場で行なわれることで、成功も失敗も「社会的なもの」であることを子どもたちは学ぶ。現代社会の中では、子どもたちの身体的でアナログな遊びや学習の体験は、表面的には「意義あること」だと言う。しかし、ICTを核にして現在展開されようとしているGIGAスクール構想※は、デジタル情報とタブレットなどの道具を用いた学習によって、子どもが失敗や躊躇《ちゅうちょ》をしながら、時間をかけてゆっくりと自分自身でかみ砕きながら「分かる」、ということを軽視するだろう。子どもたちの身体的・集団的体験は「無駄」であり「効率性に欠ける」と剝奪されようとしているのではないか。

タブレットの中にある世界にのめり込むことによって、すぐそばの友だちや地域、町並みの景色に無頓着になるのではないかと私は危惧する。新型コロナウイルス感染防止策によって「オンライン教育」が肥大していくとき、ますます子どもたちは孤立し、生活世界を常に費用対効果や損得、あるいは効率性で判断するようにカスタマイズするだろう。……偶然の「わくわくするような出合い」や、予測できないような「豊かな展開」を拒否するかもしれない。

※註

文部科学省の GIGA（Global and Innovation Gateway for All）スクール構想

①1人1台端末と、高速大容量の通信ネットワークを一体的に整備することで、特別な支援を必要とする子どもを含め、多様な子どもたちを誰一人取り残すことなく、公正に個別最適化されて資質・能力が一層確実に育成できる教育環境を実現する。

②これまでの我が国の教育実践と最先端のＩＣＴ（情報通信技術）のベストミックスを図ることにより教師・児童生徒の力を最大限に引き出す――ことを目的に、小学校1校あたり622万円の財政措置を投じ21年4月から開始。リーフレットでは、「1人1台端末」によって、教師は授業中でも一人一人の反応を踏まえた双方向型の一斉授業や学習状況に応じた個別学習が可能になり、子どもたちも一人一人の考えをお互いにリアルタイムで共有し、子ども同士で双方向の意見交換が可能になる、などとうたっている。

1　学校のデジタル化問題

「1人1台タブレット」その意義と異議

ただの「効率化」？　それとも「改革」？

まず、タブレットを使っての学習は一朝一夕にできるものではないという当たり前のことを関係者全員が認識しなければならない。これは、タブレットが全員にそろえばよいということではない。「新しい道具」が学校に入ってきたときには、今までも定着に何年もかかり、時に忘れられてほこりをかぶってしまうこともすくなくなかった。

新しいツールを導入するにはまず、それを取り扱うスキルが必要になる。子どもはもちろんだが教員にまずスキルが身についていないと利用するのは難しい。しかも、昔々、学校に配置されていたＯＨＰ（オーバーヘッドプロジェクター）のようなアナログ機器とはワケが違う。

「先生、フリーズしています」「先生、プリンターとつながりません」「先生、どれをタップするの？」「検索したけど、意味が分からない」といった子どもの声が教室のあちこちで起きている。

「ウチの子は電磁波に過剰に反応するんですけど、大丈夫ですか？」「きょうだいで一緒にタブレット使うと、ダウンロードにすごい時間がかかるのでいらつくんですよね、なんとかなりませんか」というような家庭からの相談も激増する。ある市ではアクセスが集中すると使えなくなるので、市内の学校ごとに使用時間を割り振ることも必要だと言われている。

すでに周知の事実だが、教員は多忙を極めている。その中でスキルを身につける時間と機会が保障されるかどうかがもっとも重要な課題である。タブレット利用の重要度を認識して、スキルアップのための時間を優先してしっかり割く覚悟が教育委員会や学校にあるのか、こころもとない。社会ではイノベーションや「DX（デジタルトランスフォーメーション）」などと盛んに言われている。しかし、「働き方改革」にしても、学校の改革は強い保守性の中で進んでいない。保守性は別の角度から見れば「安定性」でもある。学校教育の安定性を維持しながら少しずつ改革していくことを期待しているようだが、そうした現実味のある制度設計はいまだに出されていない。実際には、「段階的・継続的」進歩ではなく、古い枠組みや習慣など保守性を捨て去ったところでしかイノベーションは起きないのではないか。具体的に言えば、タブレットは従来の学習を単に効率的にするためのツールなのか、それとも新しい学習内容と学習方法を生み出すために、学校の制度それ自体や、今までの教育課程や指導方法まで大きく変えながら使うツールなのかということである。

もし、効率化を主として狙っているのなら、できる範囲で、時間のあるときにテキトウにその機能を取捨選択しながらタブレットに触れればいい。たまにタブレットを持ち帰らせて課題を出すのもいいかもしれない。そして、タブレット管理に時間を取るようなら、紙プリントでよい。少しくらいOSのバージョンが古くてもかまわない。フリーズすることが多くてもしょうがない……等々。

タブレットは単なるツールだが、改革というなら、義務教育学校ではまず、それを使いこなすスキルの取得を、教える側に保障するのだという決断が必要になってくる。パソコンをパソコン専用の教室で2人に1台、週に1度か2度使ってきたような、ごく普通の学校の今までとは全く違うのだ。子ども全員にタブレットがしっかり使える環境が保障され、それを教える教員もスキルを身につけるという意欲と覚悟が必要になる。そして、それ以上に、現場を支える文科省や教育委員会が、学校や教員個人を支援して、タブレットによる学習の実効性を保障することが必要だ。その覚悟はあるか？

例によって日本の政府の得意な「丸投げ＝責任回避」になるのなら、おそらくこのタブレットも「一応支給したからあとは自己責任でね」ということになりかねない。ほこりをかぶって、産業廃棄物になる可能性もある。「教室が狭くなっちゃった」という声も聞こえるように、タブレット保管庫が粗大ゴミになる日も近いのではないか。

子どもは「進化」するか？　「退化」するか？

新しいツールを手にしてワクワクすると言っていられるのは子どもだけで、教員や保護者には新たな悩みが生まれていることも指摘しておく。

この、タブレットによる学校での教育は、「便利さ」によって生じるリスクやコストを同時に抱え込んでいく。デジタル社会の持つ負の面について、教員をはじめ関係者がどの程度意識しているかと言えば、不安はかなりある。

教員が多忙過ぎてスキルの習得が不十分である問題は前に述べた。加えて、子ども個人にタブレットを持たせることで、これまで以上にSNS（ネット交流サービス）上のトラブルが発生している。ネット環境・学習能力の差は家庭の生活格差、教育格差、文化格差であり、それを補正するためには家庭のパワーが必要となる。それが得られない場合、結果的にタブレットは学力格差を拡大する。子どもに管理させることによって起きる破損・紛失、その補償問題もある。目先の問題は山のようにある。

解決のための、家庭教育やインターネットやタブレット使用のリテラシー教育など、時間とエネルギーと根気のいる仕事は学校に課せられ、さらに教員の多忙化は進む。

だが、もっと重要なことはデジタル化社会の持つ問題がタブレットを通じて子どもに及んでいくということだ。教育関係者はどれだけデジタル社会の課題を意識しているのか。

私たちの生活は便利さをもとめて発展を重ねてきた。しかし、便利になったことで、かえって忙しさは増し、ストレスは増大する社会になっている。「スマホデトックス」などというように、つながる便利さを回避する時間さえ必要になっている。あるいは「連絡はチャットでいいよね」と肉声や表情によるコミュニケーションは後退している。もちろん時代を元に戻すことはできないし、スマホやタブレットを世界から廃棄することはできない。いまさら（産業革命期の英国で機械導入に反発した労働者が機械を打ち壊した）ラッダイト運動のようなことはあり得ない。育ち盛りの小学生が、タブレットの導入によって、家庭だけでなく、学校でも、電磁波とディスプレーに包囲されていく。日々の積み重ねは大きく、人は知らず知らずのうちに環境に合わせて体を変えるだろう。彼らの使うタブレットは、学習すればするほど、クラウドとつながり、ビッグデータを扱うプラットフォームとつながり、スーパーコンピュータの莫大なエネルギー消費も促す。さらに、人間の行動監視や格付けをするAIスコアリングにも使われる。それを「進化」というのか「退化」というのか、私たちは覚悟して子どもにタブレットを渡さなければならない。それを子どもたちにどう説明するつもりなのだろうか？

※参考文献
イバン・イリッチ『エネルギーと公正』（1979年、晶文社）
岡嶋裕史『ビッグデータの罠《わな》』（2014年、新潮選書）
マンフレド・シュピッツァー『デジタル・デメンチア』（2014年、講談社）
シェリー・タークル『つながっているのに孤独』（2018年、ダイヤモンド社）

1　学校のデジタル化問題

見えてきた　デジタル教科書の落とし穴

課題は格差の拡大や個人情報管理のほかにも

文科省の「デジタル教科書の今後の在り方等に関する検討会議」が2021年3月に出した「中間まとめ」は、いくつかの課題を提起している。視聴時間の増加による視力等の健康への影響、家庭で使うときのネット環境の状態――などである。だが、一番は教える教員のスキルと、家庭と育成環境によって子どもたちの間で顕在化する格差、すなわちデジタルデバイドである。それは、この連載でもくどいほど述べてきたが、デジタル化教育の宿命的課題である。

さらに、デジタル教科書のコンテンツ容量がどれだけになるかはっきりしないが、子どもたちが個人でみんな違う教科書を持つわけで、子どもが書き込んだ内容は保存されるのだろうか？　自分が手を入れた教科書が上書き保存されていくとなれば、当然、現代では「クラウド保存」ということになるだろう。それはいつまで保存されるのだろうか？　セキュリティーにも不安が残る。ネットワークのないところでは見ることはできないだろうし、クラウドがなければ、膨大なハードディスクが必要になる。制度設計が不十分であれば、便利なようで不便なのだ。

さらに、授業中に子どもが過去の学習内容を自分で探せるのか？　内容検索で簡単に見つかるということを主張する人もいるが、ノートなど紙媒体のほうがはるかに簡単な場合もある。さらに「先生、1行空けて書いたほうが読みやすいですよね」などとノート全体のバランスを試行錯誤して考え、自分で整理することも重要だ。つまり、学習には用具や道具などもケース・バイ・ケースで選択するという「学ぶ力」が重要なのだ。たとえば、理科などで、昆虫が卵から幼虫、そしてサナギ、成虫に変化するというプロセスを、今行なわれているように、クラスで虫かごで育てながらリアルに見るか、教科書の写真で済ませるか、それともデジタル教科書の動画コンテンツで見るか……。「先生、サナギがチョウになったよ」と職員室に飛び込んでくる子どもたちの歓声は学習の真骨頂である。この選択はかなり重要なことだ。課題は尽きない。

検定が招く？　学びの固定化

教科書の検定制度について、戦後教育史を振り返ると、いくつもの論議があった。教科書に検定があるということは、文科省にしてみれば「適正な教育内容」と「教育の中立性の確保」のため必要だということになろう。しかし、今までの教科書検定制度は、自由な論議や多様な意見を保障してきたとはいえない。例えば、「南京大虐殺」「従軍慰安婦」「領土問題」など政治的な対立に直結する問題だけでなく、それ以外のテーマでも、検定に関わった人物も検定の過程も明らかにならないまま、出版社は、検定委員会との間で公開された議論を交わすこともなく、実質的に修正意見にそんたくし、従わざるを得なくなっている。

教科書は学習指導要領の内容を基準として作られているので、教員は現在でも教科書の内容を取捨選択したり批判的に吟味したりしながら教えることは難しくなっている。デジタル化は本来「自由を拡大」するために進められるはずだが、今回のデジタル教科書は、多様なサービスの提供者や使用者がデータを交換・分析できるための統一規格が必要だとして、学習指導要領の各項目に細かくコード番号が振られ、教科書の内容とひも付けられている。(註) 自由の拡大とは逆に、固定的な知識の塊を、紙の教科書以上に絶対化させることにもなる。加えて、デジタル教科書は、子ども1人あたりの維持管理のコストが大きく、莫大《ばくだい》な費用がかかるため、ますます出版社が文科省や検定システムに唯々諾々と従うようになる可能性は高い。現在の検定制度の見直しを伴うデジタル「教科書」になるのかどうか、注目したいところだ。

そして私が一番重要だと思うことは、デジタル教科書が「学習のストーリー」を固定化しないかという危惧である。

「円周率はどうして延々と数字が続くんですか?」とか「先生、同じ種なのに、どうして背の高いひまわりと、低いひまわりが育つんですか?」など、生きた子どもたちが学ぶ過程には、「行きつ戻りつ」があり、思いつきや飛躍があり、教師が指導のためにあらかじめ準備した筋道から外れる子どもの発想の意外性、生活感覚・生活経験からくる判断や選択がある。そういう「子どものダイナミズムと多様性」を集団の中でブレンドし、アレンジし、どう楽しくおもしろい学習にするか——を模索するのが教室という場だと、私は思う。誤解を恐れずに言うと「三密こそ学習を豊かにする」のだ。

しかし、「三密を避けられる」デジタル教科書は「AならばBになる」という問題を解く一定の手順（アルゴリズム）の積み重ねで作られている。そのアルゴリズムは子どもたちの学習の多様性とダイナミズムを受容し、保障できるほど豊かではない。例えば、タイムリーな問題や課題を取り上げたり、子どもたちがどんな意識や感情で取り組んでいるかを情報化することは難しい。教育内容のデジタル化によって、既成のアルゴリズムが子どもたちの学ぶ過程を固定化しないだろうかという不安がある。また、デジタル教科書に伴う検定が、それに輪をかけていくとしたら、「学習が操作され、管理される」ことになりかねない。

デジタル教科書では「教科書の貸し借りもなくなる」のだろう。便利さや目先の新しさには、いつも大きな見えにくい落とし穴があることを私たちは警戒すべきだと思うのだが。いつのまにかデジタルシステムに人間を合わせるようなことになってしまう。

※註

文部科学省「1教育データの標準化について」によると、教育データの相互流通性の確保を目的として、全国の学校、児童生徒等の属性、学習内容等で共通化できるものが対象。「1人1台端末の整備が進む中、データの種類や単位がサービス提供者や使用者ごとに異なるのではなく、相互に交換、蓄積、分析が可能となるように収集するデータの意味をそろえることが必要不可欠」「教育データを効果的に活用するため、①データ内容の規格及び②技術的な規格をそろえること（データの標準化）を行います」としている。学習指導要領の場合、各項目にコード番号がふられている。

※参考文献
俵義文『戦後教科書運動史』（2020年、平凡社新書）
サミュエル・ウーリー『操作される現実』（2020年、白揚社）
クリストファー・スタイナー『アルゴリズムが世界を支配する』（2013年、角川EPUB選書）

1　学校のデジタル化問題

「1人1台タブレット」の前にあるSNS問題

未熟さとお手軽故の暴力的で感情的な言葉の応酬

子どもたちの一部が携帯電話（当時はいわゆるガラケーだが）を持ち始めた15年くらい前の話である。６年生のクラスの中に様子がおかしい女子がいた。教員をやっていると、子どもの様子が変だということに気づいても、子どものホンネを聞いたり、いじめなど子どもたちの複雑な関係をつかんだりするのに苦労する。仲良しの子に探りを入れるとか、比較的独立心が強く、群れを嫌うニュートラルな子にそれとなく聞いてみるなど、工夫して、まず周りから情報を得ることが多い。だが、そのときは彼女からも「自分の気持ちを聞いてほしい」という「オーラ」が出ていたので、いつものテを使って本人にアクセスすることにした。

いつものテというのはこうだ。まず、休み時間にその子を含めた数人に声をかけて、手伝いを頼む。「職員室へ一緒に行って工作用紙を教室へ運んでくれない？」とみんなを一緒に連れて行く。紙を渡しながら、当人を最後にして「あ、ちょっと待って、違う紙を持って行ってほしいから、ここで待って」と職員室に彼女を残しておく。他の子どもたちが教室へ向かった頃に、彼女を職員室の片隅に呼んで、「みんなには内緒にするから話したいことあったら……」と話を振ってみると、当時「学校裏サイト」と呼ばれていた、同じ学校の生徒同士が書き込めるネット上の掲示板に「ひどい書き込みをされてショックで、どうしたらいいか分からない」と訴えた。短時間で要点を聞き取って、教室に返す。他の子に「遅かったね、どうしたの？」と問われたら「オカセンが、もたもたやって時間がかかった、むかつく」とでも言っておくように教えておく。

早速、親とも連絡を取り、家庭訪問をして、くだんの書き込みを見せてもらう。親はどうしようか困っていたところだったというので、今後のことを相談する。結果的には、その後の子どもたちとの話し合いと指導で、とりあえず問題は収まったのだが、「これからはこうしたSNSに振り回されて大変なことになるのだろうな」という予感がした。「学校裏サイト」が当時問題になったのは、ネット上では、感情的で暴力的な言葉が子どもたちの間でもやりとりされていたからだ。

私は「子どもたちの言語能力や表現能力が未熟であること」にまず不安が募った。気持ちを短いセンテンスで伝えようと感情的な言葉を連ねてしまえば、丁寧な表現の仕方など考えなくて済む。子どもたちは「この気持ち、今すぐ、言いたい、訴えたい」のである。じっくりと、言いたいことを、どう表現したら相手に伝わるかを考える習慣はもうない。特に、相手を批判したり、意見の違う相手に自分の考えを伝えたりして理解してもらおうとすると、当然面倒で気を使うことになる。しかし、子どもたちは、とにかく「今すぐ、ここで、言っとく」という気持ちが優先しがちなのだ。

それ以前にも、子ども同士の交換ノートや手紙に関するトラブルはいくつもあったが、基本的にアナログなので、大変ではあるが、回収（問題を収めること）の範囲は狭い。

しかし、簡単に多数の人へ送ることができてしまうSNSやメールは、対象に対する欲望や怒りがストレートに、かつ攻撃的に向かい、いじめの場合は影響を受ける子どもの範囲が加速度的に拡大する。ネット上のこうしたむき出しの感情のやりとりは、子ども同士の応酬と無視を経て、結果的にコミュニケーションを遮断し分断し、子どもたちひとりひとりを孤立させる。

必要不可欠な「想像力」と「社会性」

スマホの利用率は小学生の半数を超えている。中学生なら80％以上である。(※註)

SNSを使ったいじめが増えてきたので、ここ数年、SNSの使い方については学校でもそれを課題にしてずいぶん学習してきている。特に利用率の高い高学年では、いじめに直結するような使い方だけでなく、不適切な画像を拡散したり、他人に要求されて自分の画像を提供したりする問題について、違法であることまで話をして、事例もあげて注意喚起をしている。だが、なかなかその効果がでていないのか、事件はよく起こる。

いじめとまではいかなくても、子どもたちの間で無料通信アプリ「LINE（ライン）」のグループを作ったり、リアルタイムでチャットのやりとりをしたりすることも増えており、その集合体に入る・入らない、排除・無視などという友だち間でのトラブルが起きる。

直前に予定変更の連絡を送っておいて、「明日は行けないってラインで送っておいたのに、あの子さ、怒ってるんだけど、ワケ分からない」とか、行き違いでトラブルになった後、「ごめんねってラインで言ったのに、許してくれない」というような、人付き合いや謝罪の意味もよく分かっていない子どもたちが、ネット上で感情の行き違いをさらにこじれさせている。「顔を見て丁寧に話そうよ！」と友だちとの「三密」で関係をつくることの重要性を語る私にも、「めんどくさい」と一言「つぶやく」子どもたちがいる。

「先生、信頼関係があれば大丈夫です」と小ざかしく言う子どももいるので「信頼関係の前に常識と社会性だ！」と繰り返してきた。親たちもよく「信頼関係がないとトラブるわよね」などと言うが、そもそも信頼関係なんて簡単にできてたまるか！と私は思っている。親子だから、教師と生徒だから、先輩と後輩だから、同僚だから、友だちだから……信頼関係は自然に生まれるわけではない。

そもそも、コミュニケーションを円滑にしようとするなら、相手の受け止め方を想像しながら、自分の感情や思いを言葉を選んで表現し、伝えなければならない。しかし、それは子どもにとって相当高いハードルである。大人でも難しい。学校では国語での作文の時間数が減って、書くことが苦手な子が多いというのはよく聞く話だ。たくさんの文章を読み書きし、生活の中で語彙《ごい》力や表現力を鍛えることをせずにリテラシーは向上しない。

ＳＮＳやメールでは、ボタン一つ、クリック一つで送れてしまう簡単さがある。しかし、業務や連絡だけならともかく、感情や思考を伝えるツールとして考えると、その手軽さの恩恵にあずかるときに必要不可欠なのは、内容や表現の「吟味」と「想像力」である。

子どもへのＳＮＳリテラシー教育にはリスク回避のノウハウだけでなく、表現力や社会性の養成も不可欠なのである。

※註
内閣府「青少年のインターネット利用環境実態調査」（２０２０年度）

※参考文献
『ネットいじめの構造と対処・予防』（加納寛子編著、内藤朝雄・西川純・藤川大祐著、金子書房、２０１６年刊）

1 学校のデジタル化問題

コロナ禍の学校デジタル化と親のネットリテラシー

立ち話する親が消えた

「先生、またコロナちゃんが大暴れ（いわゆる新型コロナウイルスの第5波）してますね。新学期は休校からはじまるの？ でも、やっとタブレットが配布されてオンライン授業ができるから安心だわ」という保護者からの声もあったのだが、私の周りでは少数だ。どちらかというと、「夏休みが終わり、やっと学校へ行ってもらえるのに、休校って……。やれやれまたか」と疲労感を訴える親のほうが多い。オンライン授業もなかなか素直に喜べないようである。今までも述べたが、オンライン授業は親たちにとっては、二つ大きな問題があるからだ。

一つは、オンライン授業で子どもは本当に勉強できるのかという問題。保護者は「勉強しなさい」と家で子どもに言い続けるのに疲れる。二つは、家庭に子どもが居続けて、食事、その他の世話をしなければならないので親にとっては大変だということである。保護者が仕事を続けるかどうかにも影響する。つまり、三密回避が感染症対策の基本という理由で休校が実施され、親子が家庭で待機するという状況は、子どもにも親にも、かなり厳しい環境になるということでもある。

学校での子どもたちの三密回避のため、マスク着用をはじめとして、手をつながないとか、「ソーシャルディスタンス」を取るとか、黙食給食などで、日常的に行なわれてきた当たり前のコミュニケーションが大きく変化した。それとともに、親たちのコミュニケーションや習慣も変化していた。

例えばコロナ禍、親たちが、地域でほとんど立ち話をしていないことに、私は学校近辺を歩きながら気がついた。今まで給食のない日などに近所の食堂へ昼食を取りに行くと、立ち話をしている親たちを見かけることがあった。食した後の帰りに通りかかると、同じ場所で、長時間の立ち話をしているのをよく見かけたものだが、そうした姿を見かけなくなった。聞くところによると、最近は、ほとんどの場合、仲のいい親どうしはＳＮＳで情報を交換し、ちょっとした世間話チャットをしているそうだ。「先生、チャットは疲れるんよ」「グループラインは正直、１時間くらいにしたい」などと言っている。

親同士のランチ会や、喫茶店でのおしゃべりも激減していた。親たちは、コロナ禍が始まる以前からＳＮＳを使って情報を交換していた。「今度のウチの担任はハズレです」というメッセージを書き込んでいた親が、その担任の前ではとてもよい保護者を演じていたことを別の親から聞かされてゲンナリしたことがある。さらに、ＰＴＡの役員決めのやりとりを録音して、「この親、バカ！で無責任！」と転送しまくっていた親もいたし、それに「いいね」を連発している親グループも怖い。みんなマナー違反だし、違法性も出てくるのだが、そういうことに気づいていない人もいるので、私は親の集まりではSNSへの注意喚起を必ずすることにしている。だが、この感情を垂れ流しする傾向はなかなか収まらないだろう。むしろコロナ禍の不安やいら立ちを加速化する可能性もある。

先日、不登校の相談を受けて、ある親と2時間くらいマスク越しに対面で話をした。最初に電話でやりとりしたときは「ZOOMですか？」と聞かれたのだが、「市内ですから会いましょう」と言って喫茶店で会った。終わった後、「久しぶりに人と会って話して、なんだか元気になれました……」と言ってくれた。相談したことがよかったというより、リアル面接という方法がよかったのだろうと後で考えた。

学校とのやりとりもSNS上で？

学校とのやりとりは、まだ電話が主流だろうが、今後、持ち帰りタブレットが普通になれば、電話も存在感が薄れるようになるかもしれない。なにせ、健康観察アプリもタブレットにインストールできるからだ。

子どもと保護者をセットにして、タブレットでの通信ができれば、それはそれで便利なツールとなる。例えば、コロナ感染症対策としての体温記録・健康観察ができる。当然、水泳指導の事前健康観察でも使える。あるいは、家庭訪問や個人面接の日時設定も、レストランの予約サイト並みになるだろうし（すでに、ワクチン接種で経験済み）、キャンセルもタップ一つでできる。「申し訳ないのですが……」とか「お忙しいところを失礼します……」などという前振りはいらない。あとは、トラブルが起きたときに備えてお客様コールセンターがあればよいし、それも、ＡＩのチャットで処理できるのかもしれない。これが冗談でなくなると私は思う。

先日、自分の勤務している学校に行って驚いた。春にコロナ感染症対策を考えながら苦肉の策で運動会を実施したのだが、そのときに写真屋さんが撮った写真が、子どもごとの袋に入れられ、担任の教員たちの机の上に置いてあった。今年の運動会は、感染対策のため保護者の観覧は「1世帯に1人まで」と決めてあったので、親も写真を撮るのが大変だと声があがった。そこで、写真屋さんに委託して、カメラマンを派遣してもらった。学校ごとに保護者限定で見られる特別サイトに画像をアップしてもらい、そこからネット上で注文してもらう。集金も個別にサイトからできるので、教職員の手を煩わせないですむ（しかし、その後、渡す前に子どもごとに写真の確認が必要になり手間は増えてしまった）。

担任は面倒な集金の手間が省ける……いやいや、そもそも記念写真の世話は教育活動か！と思うのは私ばかり。「幼稚園はもう前からやってますよ。集金しなくてもいいから助かるよね」と若い先生たちは言う。運動会当日に不適切な写真を撮りたがる人が紛れ込むリスクも低くなるというワケだ。一石二鳥ならぬ一石四鳥くらいだ。

今後は、学級懇談会もＺＯＯＭやグループラインになるのだろうか？　ＳＮＳはちっとも広がりのあるソーシャルじゃないし、このサービスは肉声や表情という「人間性の剝奪」サービスのような気もする。三密回避の「新しい生活様式」として、保護者とのコミュニケーションはＡＩのチャットボット（※註）によるものへと移行するのだろうか。私は考えすぎているのかもしれないが。「コロナ感染症対策のデジタル社会に生きる子どもたちと親」というフレーズで私が頭に浮かべるのは、アナログ社会＝リアルな社会にいたら得られたであろう時間と場所を奪われた生活である。これが杞憂《きゆう》に終われば幸いだが、新型コロナのまん延の中で、必要な三密が回避され、ますます不安が募っていた。

※註　ＡＩチャットボット（Chatbot）

故障への対応や商品の詳細を電話で問い合わせると、「はじめに、ご用件の種類によって番号を押してください」とアナウンスされ、質問のカテゴリーが分類され、最終的に担当者と話すことができる。ＡＩを活用し、この過程をネット上で最後まで行なうのがチャットボットである（チャットボットはプログラムされた対話を指す）。たとえば、「今日のご相談は次のどれでしょうか。あてはまる番号を押してお進みください。通話の途中でも押して構いません。不登校は（間）イチ、いじめは（間）ニ、学校への不満は（間）サン……」という具合だろうか。

1　学校のデジタル化問題

「1人1台タブレット」の現実と「いじめ自死」

「端末を配れば使える」という単純な話ではない

「1人1台タブレット」が2021年の4月に全国の小中学校で配布され、利活用され始めている……という実態調査結果が文科省から出た。実際は夏休みが終了したころに子どもたちに配布しているところが多い。9月始まりの学校ならば、第1週から子どもたちに使い方を教えている。ただ、「教育委員会が学校に配布した」ことと、「子どもたちに配った」、そして「子どもたちが使っている」ということは、現場的にはずいぶん違いがある。

いくら教育委員会からタブレット端末が届いたといっても、すぐに子どもに配るような学校はない。保護者に使い方やセキュリティー・情報管理の誓約書などをどんな形で依頼するのか、質問には誰がどんな形で答えるのかを決める。また、教室内での保管をどうするのか、子どもたちには毎日持って帰らせるのか、あるいは学校保管なのかという管理計画。さらに、今後の教員研修の実施、指導計画・方法と運用手順の確認、タブレット・充電器・ケースに記名や登録番号の記載もしなければならない。

さらにログイン操作一覧やパスワードの通知と保管・管理などさまざまな仕事がある。あくまでタブレットは学校からの「貸与物」だから、管理の最終責任は学校にある。1年生のような小さな子どもたちや、初めてタブレットに触れる子どもにもかなり気を使うし、家庭の反応も気になるので、十分な説明や問い合わせへの対応を準備しなければならない。

小学校では、今の1年生が6年生になるまで同じタブレットを自分専用の端末として持ち上がりで使わせ、卒業すると同時に新1年生に引き渡すということになっている。もちろん、私は、子どもたちが普通の使い方をしても、6年間も同じタブレット端末を使い続けることなどは不可能だと思っているが。データの保管やセキュリティーなど、問題は山積みどころか、〝山脈〟並みである。

〝初めて尽くし〟トラブル続出に無策の学校

操作の難しさについては、使っていればある程度は子どもたちや教員が慣れてくれる部分があるだろう。しかし、それでもタップやスワイプという操作の感覚を身につけ、「削除」「複製」などの漢字コマンドに見慣れて、みんなが上手に操作できるまでにはかなり時間がかかる。すでに教室では、「作ったやつ（テキストファイルや写真）がなくなりました」あるいは「書いたやつがどこかへ行っちゃった」「画面が出てきません」「固まったままです」などの声が上がっているが、そんなことは序の口で、ＯＳ（機器を動かす基本のソフトウエア）そのものが「なぜか」不具合を起こす。私自身、授業中に子どもとタブレットを使っているとき、ＯＳが突然動かなくなり、1時間の半分を費やして右往左往したことがある。アプリケーションのアンインストールや再インストールも教えなければならない。

こうした作業ではタブレット本体に予想外の不具合が出るし、完全に復旧したかどうかの修理点検も必要になる。頭を抱えるだけだ。「修理すればいいのに」というが、普通のパソコンでも修理にかかる時間・期間が長い、子どもたちの持ち物でそんなに修理に時間のかかるものは今までなかったのだ。

文科省が学校のＩＣＴ環境整備のため4校に1人配置することにした「ＩＣＴ支援員」でもお手上げの状態が頻繁に起きる。しかも、月に2回程度、支援員が訪問するだけではどうしようもない。また、Ｗｉ－Ｆｉのルーターがフル稼働していても、動画視聴は難しいときがある。家庭で視聴するオンライン授業も、始めた途端、「うまくいかない」と学校の電話が鳴り続ける。こうしたことも、いつかはうまくいくようになり落ち着くのだろうか？　友人の学校では、「もう、タブレットを家に持ち帰ってほしくないわ」とため息交じりで話す保護者もいると聞く。

ある学校では、「今日の2時間目は1階の教室で、3時間目は2階の教室で使ってください」とアナウンスされたという。つまり、全校のクラスが一斉に機器を使うと、Ｗｉ－Ｆｉのキャパシティーオーバーで突然フリーズしてしまうため、一斉ではとても無理だということだ。

家庭では、うまく作動しないタブレットに困って子どもが泣くので、親がなんとかしようとしてタブレットを一生懸命操作していたら、授業で使うアプリやデータが消えたり不具合が起きたりしてしまったというトホホなこともある。さらに、ICTの「専門家」と称する保護者が「調整」して使えなくなり、「このタブレットはスペックが貧弱でどうしようもないですね」と「ご指導」してくださったのに対し、担任教師は「だからあ、タブレットは学校が貸しているだけなので、勝手にさわらないでください」と言ってトラブルになったという話も聞く。

タブレットを子どもたちに1人1台持たせるということ自体に、無理があるのではないかと思う。慣れればいいのか？　しかし、相当な時間がかかるだろうし、ネット環境のインフラ改善も必要になっている。制度設計のまずさが露呈している。

「1人1台タブレット」によって、スタートラインでさまざまな笑えない果てしない仕事が学校に押し寄せている。本当に子どもたちも教員も「慣れる」のだろうか？　また、慣れてしまうことに問題はないのだろうか？

何も起こらない保証などない、という緊張感

東京都町田市の小学校で、２０２０年11月に小学校6年生の女児がいじめにより自死するという事件があり、21年9月に入って、再調査のための第三者委員会が設置されることになったというニュースが流れた。

事件については、学校側の「事実の隠蔽《いんぺい》」といえるような報道もある。自死については、気の毒で言葉もないのだが、正直、人ごとではないなと思う。学校としてもおそらく、一応のセキュリティー対策や、ネットモラル指導をしていたのだろう。今時、インターネットでのメールやチャットで起きやすいトラブルの指導を何もしていない学校などないと思う。しかし、どんなに丁寧にセキュリティー対策やモラル指導をしたとしても、何も起こらないという保証などないということだ。ゼロリスクなどありえない。だからこそ、学校には「いくら指導を頑張っても、起きるかもしれない」という緊張感が必要なのだ。

子どもの命が絶たれてしまったのだ。タブレットは、そういういじめの道具になるのだということに、学校だけでなく社会がもっと敏感にならなければならないと思う。つまり、使う以上、リスクをゼロにすることなどできないということだ。もちろん、これはスマートフォンでのSNS（ネット交流サービス、たとえば無料通信アプリ「LINE（ライン）」など）の利用をめぐっても、やかましく言われてきたことだ。

いくらフィルタリング機能を使ったとしても、子どもたちのいじめやトラブルを防ぐことは難しい。24時間監視などさらに無理である。「学習以外での使用は禁止」と言ったところで、そもそもそれはかけ声に過ぎない。道徳の授業で「いじめ」を題材に取り上げれば、いじめがなくなるという安易な考え方と同じである。あるいは、「保護者がきちんと管理すれば、もっとしつけをしっかりすれば、こんなことは起きない」というのもかなりハードルの高い、難しい話だ。家庭の事情によっては、それどころでない場合もあるし、子どもの「しつけ」「管理」はどんな家庭でも、それほど簡単にできるものではない。さらにタブレットやスマホの管理はかなり困難だ。

この問題には二つの視点が必要だ。

一つは、いじめでの自死や不登校に至る前の段階で、子どもたちの関係の危険性をどれくらい周囲の大人たちがリアルに敏感に感じ取れるのかどうかということだ。さらに肝心の、いじめられた子どもがSOSを発する方法や受け皿が用意されているのか。それを受け止めて、相談に乗り、解決に手を貸せる大人がどれだけいるかという問題がある。(※註)

タブレットは節度のない、不適切な道具

もう一つは、スマホやタブレットという道具そのものの問題である。文科省のGIGAスクール構想の目玉である「1人1台」タブレットの「利用」で起きたいじめが原因での自死ということだったが、この連載でも繰り返してきたけれど、SNSによるコミュニケーションや表現は「匿名性」と「感情の直接性」、「即時性」という面で、タブレットは非常に節度のない道具の一つであるということだ。つまり、誰が発信したかが分かりにくいということで、乱暴に投げつけるような攻撃的な言葉遣いが増える。また、急ぐ必要はないのに、過剰に早く送受信ができるので、じっくりと構えて、相手の心情や置かれた立場を考えて発信するという想像力が欠如してい

てもやりとりが機能上、成立してしまうという意味である。

直接会って、リアルで伝えれば、そこには「ためらい」や「言葉の選択」があるのに、孤立してタブレットに向かい、SNSを使うというところに問題の根がある。

便利な道具というものは、「節度」を超えてしまうと道具の奴隷になってしまい、人間関係や生活を豊かにしないどころか破壊してしまう。その意味から、GIGAスクール構想で子どもたちに配布されたタブレットは、彼らにとっては、節度のない不適切な道具と言ってもよいかもしれない。

「三密」回避のためのオンライン教育の道具（タブレット）が、分水嶺《ぶんすいれい》を越え、人間にとって大切なものを剝奪する道具になってしまっているのではないか。

※註　松本敏彦編著『『助けて』が言えない　子ども編』（日本評論社）

1　学校のデジタル化問題

軽いノリで「やっちゃった」　コロナ禍で増えるＳＮＳいじめ

とらえ方が複雑で難しい「いじめ」

「いじめ」の細かい定義の論議についてはここでは立ち入らないが、とりあえず「本人が学校へ行けなくなる、教室に居づらくなる、気持ちが萎えてしまう、友達が怖くなる等々、他の子どもからの執拗《しつよう》な攻撃」と大まかに考えてみる。

先の調査でも「いじめ」の認知数について、各都道府県で差が大きくあるのは、「把握」の難しさだと思われる。つまり、どの程度までを「いじめ」と認識して報告対象とするかという各都道府県の意識差だと指摘する研究者もいる(※註)。

実際の学校現場では、教師が「これはいじめ、これはいじめではない」などという使い分けを日常的にしているとは思えないし、もし、そういうことで対応に何か違いがあるとしたら、それこそ、機械的に処理することに終始し、ますますいじめ事件への対応は遅れるだろう。

「いじめ」になってしまう前の小さなトラブルに教師たちがしっかり対応し指導することが必須

である。どんなトラブルが「いじめ」の萌芽《ほうが》であるかを教師としては的確につかまなくてはならない。そうした「いじめ」の端緒をつかまえる努力や対応技術が現場では必要になっていることは言うまでもない。

いじめ対策マニュアルのようなものが、いろいろできはじめているが、マニュアルはあくまで大まかなものか、あるいは基本的なものでしかない。２０１３年の「いじめ防止対策推進法」成立後、全国の学校では「いじめ防止の基本方針」を作成している。どこの学校でも、ほぼ同じような内容になっている。人権教育、アンケートや対話で子どもの声を聴く、いじめの早期発見、保護者・地域住民の啓発、日々の学校生活の充実等々である。

無邪気さの奥の「抑圧された」感情

いじめは突然起きるものではない。いじめる側は、相手の様子を見ながら「どこまで攻撃できるか」とか「どんな攻撃が効果的か」「先生や親に見つからないようにどうしたらいいか」ということだけ考え、無邪気に目先のことしか見ていない。だから、相手がひどいけがをしたり、不登校になったりしても、彼らにとっては「やっちゃった」くらいの軽いノリであることが多い。「いじめ」問題で指導をしている時に、いじめている側から出る言葉で、私の経験で一番多かったのは「こんなことになるとは思わなかった」と「そんなつもりはなかった」というものだ。反省の言葉というより「意外だった」という驚きである。

「ここまでやったら、事件になるし、警察に報告が必要になるかもしれない」と私たちが伝えて、初めて事の重大さに気づく子どもが多い。とぼけているわけではなく、本当に「事の重大さが分かっていない」のだ。

万引きのケースでも同じである。時には親子で「この程度で済んでよかった」などと言う。実際に、親でさえも「重大さが分かっていない」場合が少なくない。

そして、いじめる側が自分の行為を「過剰な攻撃だ」と認識していないとき、ほぼ共通して私が感じたのは、彼らがなんらかの逃げ場のない「抑圧された」感情の中にいるということだ。言葉を変えると、「毎日が楽しくない、なんだかムカつく」のだ。

その原因はいろいろある。例えば、勉強ができない・分からないこと、親が厳しいこと、友達関係でのトラブル、解決できない悩み、自分をかまってくれない親・友達・先生、そして家庭の不和や経済的に厳しいこと――などである。それら「抑圧と不安」の中で、行き場のないエネルギーが、他者への執拗な攻撃となっている。

「誰だって、毎日が楽しいはずはないし、甘えではないか」と断じるのは簡単だ。しかし「誰だって、毎日が楽しいはずはない」からこそ、「いじめ」はなくならないのだ。

いじめる側からすればSNSで相手にどんな嫌な言葉を投げたら「効き目」があるかを考えることは「楽しい」のである。「ゲーム」感覚であり、一種のマウンティングの快感もある。自分が優位に立つことは「楽しい」のだ。だから「いじめ」はどこでも誰にでも起きる可能性があると考えたほうがいい。人が苦しんでいる姿を見て「楽しい」と思えるのはすでに常軌を逸している状態なのだが、意外とだれもが経験したことがあるのではないか。

ただ、成熟した社会人・大人なら、それは「悪《あ》しき楽しさ」であり、「恥ずかしい」とか、「法に触れる」「人権を考えたら」「人としてどうなのか」という自分自身の自律的な倫理観で制御するだろうが、子どもや未熟な大人にはそれが難しい。

SNSは「いじめ」のハードルを低くし常態化する

新型コロナの影響で子どもたちの生活環境は変わった。「孤立と不安」と言っていいだろう。そうした「楽しくない毎日」の中で抑圧感情が大きくなったとき、SNSを使った他者への攻撃で「楽しさ」を味わうという「いじめ」が増えていく可能性がないとはいえない。

SNSの簡便さによる他者攻撃の危うさは、幾度も述べてきた。緊急事態宣言で学校が休校になり、子どもたちの日常にオンライン授業や、教室でICT（情報通信技術）を活用する授業が広がった。そして「必需品」として、スマホやタブレットが行き渡った。もちろん、SNSだけで「いじめ」が起きるわけではない。SNSはいじめを加速化させ拡大させるツールだということだ。「いじめ」のハードルを下げて、いじめに参加する人数を増やし、支配―服従の関係を執拗に強要し、相手を徹底的に見下し、さまざまな暴力を行使し、「いじめ」を常態化する。そういうツールとしてSNSは使われ、いじめる側は「自分の受けている抑圧を忘れ、楽しさを味わう」ことになる。

「いじめ」をさせないために、何をすべきか

子どもたちの関係性を把握せず、「いじめはよくありませんからやめましょう」というかけ声だけでは、いじめを防止できない。「いじめは悪いことなのだ」と説くだけでは子どもには響かない。それは、「ゲームのやり過ぎはいけません」と自分が日ごろ、家で親に言われるのと同じような感覚でしか大人の声を聞いていないからだ。

「いじめ」防止の基本は、子どもたち一人一人が自律性を構築することだ。つまり、折に触れ、どんな規範・倫理・価値観で自分自身を律したらいいのかを、大人は具体的に分かりやすく、行動や振る舞いで教え、子どもが学ぶことである。

たとえば、友達とのトラブルの中で、叱責された子どもたちは「わざとではありません」とか「友達が言ったとおりにしただけです」「相手は笑っていて、嫌だと言わなかった」などという言い訳を述べる。だが、それに対して、教師や親が怒鳴ったり嘆いたりしていてはいけない。緊張感のある冷静な対話が必要になる。

「いじめを受けたら、警察などに告発・告訴できる」ことをハッキリと言い、いじめる側は、ノリでいじめをやって「悪意」がないとしても、社会的には断罪されることを教えなくてはならない。子どもだからといって許されることではないという意味で、市民社会への入り口の学習の一

つとして「犯罪とは何か」ということを教える必要がある。

1度目の叱責と、2度目の叱責では、重大さのレベルが違うことも伝える必要がある。つまり、「いじり」などと言われる軽微な段階のうちでも、その繰り返しを防ぐため、1度目はいじめる側の子どもへのシンプルな指導があるが、同じことを繰り返したら、私たち教師や親の対応も変わっていくということを伝えておく必要がある。つまり、子どもも「いじり」やいたずらで、「社会的責任」を負わなくてはならないということを教える。

私の場合は子どもを叱るときに「1度目は先生だけで指導するが、2度目には親を入れて3人で話す。3度目は学校長と親と4人で話すことになる」と子どもだけでなく親にも伝えてきた。同じ行為を繰り返すことは、倫理的にも社会的にも問題が大きく重大になるということだ。こちらの姿勢をはっきりと示さなくてはならない。

ある意味、感情的でなくクールに市民社会の契約として法律で罰せられる行為とは何かを教えることと言ってよい。

低学年でもそれは可能である。昭和の中盤までは子どもが触法行為に近いことをすれば、必ず「おまわりさんに連れていかれるよ」とか「牢屋《ろうや》に入るよ」と叱られた。つまり、市民社会というところで悪いことをすると、社会的に罰せられるのだ、という分かりやすいたとえ話でもって示したのだ。普段は優しいおまわりさんでも、悪いことをすると怖いのだと教えられた。

令和の今にそれがそのまま通用することはないし、そんな指導は時代錯誤でしかない。こうした指導は「恐怖」や「不安」を伴うことでもある。だが、少なくとも、世の中には「人を傷つけたら、壁の向こうにある、もう一つの重く暗い世界に行くことになる」ということを、折に触れ私は伝えたい。(※註)

善き「楽しさと充実感」で子どもを満たそうとする

同時に、周りの大人の役割として求められることがもう一つある。いじめる側の抑圧感情がどこにあるのか、それをどう解消したらいいのか、あるいは、生活を楽しく充実させるためには何が今必要なのかを一緒に考えながら、子どもたちの行動倫理の枠組みを作ることだ。「いじめ」の加害者が処罰感情だけで指導されれば、彼らの世界は縮小し、我慢や忍従だけが蓄積される。それはそれで、また新しい問題を起こしかねない。

私たちはつい、子どもを「甘やかすな」と思い、叱責の効果だけを考えがちである。しかし、前述したように、子どもたちは「楽しい」ことに飢えている。「夢中になれること」に浸りたいのだ。普通に暮らしていても、今の時代、しんどいことばかりである。子どもだけ特別にしんどさがよけて通り過ぎてくれるわけではない。彼らなりに十分に我慢し、耐えているように私は思う。

「いじめ」はそのあしき副産物であり、閉塞《へいそく》的なコロナ禍では、ＳＮＳの利用が子どもたちをますます危うい状況に引き込んでいく。

だから、私たちは子どもが「安心して、ドキドキして、楽しく夢中になれる」チャンスを創る必要がある。とてもシンプルな目標であるが、現代ではこれがとても難しい。しかし、子どもは物でも家畜でもない、血の通った人間であり、かつての私自身なのだ。北風も太陽も必要なのである。

※註
「悪さをしたら地獄へ落ちる」と言うのも、最近は言えなくなった。地獄絵本の読み聞かせも、親から「子どもがこわがるのでやめて下さい」と言われる。

※参考文献
内藤朝雄『いじめの構造』（講談社現代新書）
内藤朝雄「インターネットを用いたいじめや迫害をめぐる諸問題」（加納寛子編著『ネットいじめの構造と対処・予防』所収）

1　学校のデジタル化問題

「書けなくなった」子どもたち　鉛筆vsタッチペン、キーボード

書くのも消すのも、一苦労

教室で教科書や黒板に書かれた文字や図を鉛筆でノートに写すという作業は学校の日常的な学習作業であった。しかし、タブレット使用の授業では、黒板や教科書に書かれたものを写すということはほとんどない。

タブレットに意見を書き込んだり、短い文章を書いたり、研究発表の資料を作ったりすることもある。その際、キーボードがまだ使えない小学校の低学年では指先を使って、画面をなぞって文字を書くことがある。しかし、指先ではタブレット画面の小さなカードはかなり拡大してからでないと文字が書きにくい。「もう、いやだ、指が太いのかな？　鉛筆のほうがいいなあ」とため息まじりにつぶやく子も少なくない。

あるいは、タッチペンを配布して書いてもらうこともある。だが、タッチペンには微妙なタッチ感覚があり、それに慣れるまではかなり時間が必要だ。

そもそも、ペン先が丸くなっている（円盤のものもある）ので、画面にさわった時にどこが接触点なのかがハッキリ確認できない。大人であれば、上手に調整できるのだろうが、小学生ではなかなか難しい。慣れてくるとなんとか文字が書けていくが、それでもかなりの注意力が要求される。それに、なんといっても、画面の小ささがネックになる。

私が一番難しいと思うのは、接触点でのペンの力の入れ具合である。単にタッチするだけなら問題はあまりないが、文字や線となると大変だ。デジタルのｏｎ－ｏｆｆ反応は、アナログと違い、本来、筆圧は関係ない。ところが、文字を書く側の人間の身体感覚は個々人で違う、つまりアナログだから、タッチペンを使う時も鉛筆と同じようなアナログ感覚の扱いになる。

強く書けば強く反応すると思ってしまうが、タブレットの画面はそんなことには関係なく反応する。「さらっと書いても反応するから大丈夫よ」と先生は言うが、その「さらっと」が難しいのである。力を入れすぎて画面を傷つけてしまう子もいて、「やさしく書いてね」と言うのにも疲れてしまう。

こうした微妙な感覚は、子どもたちの今まで使ってきた鉛筆やペンの操作とは大きく違う。うまく書けなくて、くりかえし画面を消しては書いている子どもたちがいる。しかも、タブレットでは消すのも大変だ。画面に出ている消しゴムアイコンは、結局は線を書くような動きで消していくことになり、〝リアル消しゴム〟とは全く違う。子どもたちに「先生、この消しゴム、もっと一度にたくさん消せませんか？」と聞かれて、できるだけ適切な幅を選んで消してもらうが、そうだよなあ、と思うしかない。画面そのものを消すのは簡単だし、「元に戻す」機能は使える。しかし、部分的に書いたものを消すのは、まことに面倒である。

さらに、文章作成では、コピー・アンド・ペーストをよく使う。文章だけでなく単語もコピー・アンド・ペーストはラクである。子どもたちは、便利＝簡単で安易なことの習得は早い。考えること（試行錯誤）は総じて面倒なものである。

もちろん、視覚障害、識字障害、ディスレクシア（読み書き障害）の子どもたちには、とても有効であることは当然である。しかし、できればタブレットだけでなく、画面の大きなデスクトップも用意してやりたい。

大切な1年生の1学期の書く練習をする時間

タブレットを使うことで、逆に、鉛筆の重要性と有用性が明確になった。学校で子どもたちと接して感じるのは、近ごろ、文字を習熟するための「書く」という学習時間が短くなり、練習量も減り、文字が下手で読みにくい、つまり、弱々しかったり薄く小さかったり、バランスが著しく悪かったりする文字になっている子どもが目立つことだ。以前に比べ自分の名前さえしっかりと書けない子もよく見る。

だが、彼らは「ちゃんと書けてるじゃん！」「読めるじゃん！」と強気だ。「美しい文字でなくてもいいから丁寧に書いて、読めるようにしてほしい」と口を酸っぱくして言う。テスト用紙には「文字や記号を丁寧に書いてくださいね」とキャラクター付きの吹き出しで書いて、印刷したりして注意を促している。

本来は低学年で文字指導はかなり丁寧に行なうべきだが、現在は文字指導にかける時間がかなり減っている。以前は学習指導要領や市町村で作っているカリキュラムの枠内で文字指導が十分にできると思っている教員はほとんどいなかった。だから教科書的な文字学習の時間が決められていても、それ以上の時間をかけて、鉛筆の持ち方、下敷きの使い方、文字の筆順はもちろん、筆圧の重要性や、字形を丁寧に指導し、消しゴムの使い方まで繰り返し指導した。その上で子どもたちは練習する、それが当たり前だった。ひらがなを教える時が、鉛筆やノートの使い方を身につける一番大切な時期だということは常識であった。

具体的には、1年生の1学期は子どもたちも「早く勉強したい」と初めての学習に意欲的なので、ノートやプリントでひらがなや漢字の練習の宿題が毎日出され、学校でも授業時間の一部を使って文字の学習・練習を当然のようにしていた。花丸をもらったり、かわいいスタンプを押してもらったり、「上手だねえ」「丁寧に頑張って書いたねえ」などと、かなり意識して声をかけながら指導した。漢字練習帳は「百字漢字練習帳」を「国語のノートとは別に持参する」というのが普通であり、1ページに100文字書くことが基本の量とされていた。今は、漢字ドリルをするだけで精いっぱいである。

もちろん、多くの子どもにとって漢字の練習は面倒で嫌なものである。私自身も子どもの頃そうだった。どちらかというと、漢字の練習というより「がまん」の練習のようであったが、書く量は多かった。

近ごろは、50音の学習も新1年生はさっさと切り上げて、教科書もカリキュラム通り進む。というのも、入学前にひらがな文字の読み書きができる子が多くなったので、〝書く〟ということを導入するための練習時間と量が減少したからだ。

「先生、その漢字知っている、もう塾で習った、教えてもらった」と1年生が言うのだが、実際に書いてもらうと、バランスの悪い、読み取るのに苦労する文字だ。つまり、実際に自分の手で練習をしていないのだ。しかし子どもたちは問題を感じていない。

身体感覚を養い文化を形成する機会が……

もともと、鉛筆がうまく使えない小学生の子どもたちに文字を教えるのは至難の業である。根気が必要となる。細々とした指導が教員文化の中で積み上げられてきた。中には、やたらに姿勢や持ち方にこだわる教員もいるが、「書く」ことが目や手や頭など体のいろいろな筋肉や神経を総動員しなければできない体全体の技術だという認識は共通していた。

さらに、漢字や単語、言葉の意味などの学習では、鉛筆の使用はもちろん、絵で表現したり物語や詩の中でそれらを取り扱ったりした。多様な感覚器官を同時に動かすことによって記憶も定着するといわれている。

姿勢や持ち方は最終的には個人の癖によるが、鉛筆の濃さや筆圧、はね・はらい・とめなどの書き方は鉛筆独自の原則があり、丁寧さは読みやすさにつながっている。

明治中期から昭和にかけて普及した筆記具としての鉛筆は多くの利点を持っていた。安価であり、筆のように墨を傍らに置く必要もない、しかも、消しゴムで線も面も消せるということだ。消しゴムですぐに消すことができるというのは、子どもの試行錯誤を保障して安心して学習に取り組めるという大きな利点である。

「ミミズのはいまわるような線」が読みやすい文字の形になっていく学習過程は、子どもの学習によって身につく身体文化の形成でもある。そして、その文字が、成長するにしたがって、筆記具の種類や書く技術の選択により習熟し、「美しい文字」になったり「個性的な文字」になったり、「実用的な文字」になって、書くという行為と書かれた文字が社会化、つまり社会の中でコミュニケーションの道具になり、有用性、個性、意味、時には芸術性を持つようになる。

そんな機会をタブレットが「奪う」としたら、それは便利さに名を借りた人間の退化になってしまわないだろうか。スマートフォンなどで利用されているハプティクスというテクノロジーがある。それは、実際には振動していないし、動いてもいないのに利用者に力、振動、動きなどを感じさせることで皮膚感覚のフィードバックを与えるデジタルテクノロジーの工夫であるが、鉛筆のアナログ性には至らない。子どもたちのためには、タッチペンと鉛筆、それぞれの限界と可能性を考えたうえで、バランスのとれた使い方をさせる学習が強く望まれる。

※参考文献

『子どもの字を上手にする本：硬筆』（辻歌子、学陽書房）
『記憶力を強くする』（池谷裕二、講談社・ブルーバックス）
『『わかる』とはどういうことか　認識の脳科学』（山鳥重、ちくま新書）

小学校の「着替え問題」は教育現場の性の問題だ

「子どもだからおおらかに」は思考停止の状態

学校には「着替え問題」というのがある。たとえば、体育の授業で子どもたちは運動服に着替えるが、小学校低学年の場合、着替える場所を男女別に分けるのかどうかという問題がある。日本の学校は更衣室が十分に用意されていない。小学校の場合は、大抵は自分たちのクラスの教室で着替えている。最近は、少子化により学校の空き教室が増え、そこが着替えの場所になっていることが多い。

私は教員になった1980年代、初任校で3年生を担任したが、子どもたちは男女一緒に着替えをしていた。私は職員会議で「小さい頃から、男女別で着替えさせるのがよいのではないか」と提案したが、だれも賛成してくれない。それどころか、「小さい頃はいいのではないか」「子どもたちは気にしていない」など反対意見がたくさん出た。職員室の雰囲気は「面倒くさいことを言い出しているな」という感じだった。

養護教諭の女性教員からは「岡崎さんが気にしすぎると、子どもも変に気にし出すから、そこはおおらかに考えたほうがいい」と言われた。結局、その年は一緒に着替えていたが、次年度に学級担任として持ち上がったときには、私の学級だけ、男女別で着替えをさせることにした。しかし、同僚からは「子どもたちが別にしてくれって言わない限り、いいんじゃないのか」と言われた。そこで、子どもたちに聞いてみることにした。4年生だったが、1割強の女子が「別のほうがいい」と言うので、やはり男女別室で着替えてもらうことにした。

今はどうか？　小学校の1年生で男女別に着替えている学校は、今でもほとんどないのではないか。私の周囲の学校では、3～4年生くらいから男女別にしているところが多い。小学校の教員は女性が半分以上を占めるのだが、こうした着替え問題については低学年から男女別のほうがいいという声は非常に少ない。

ただ、自分で着替えができるのなら、少なくとも公的な場や施設では男女別を原則とするのがよい、というのが私の考えだ。そもそも、日本の学校で男女一緒に着替えているのは、施設が不十分なためにそうなっているだけで、そこに教育的な配慮があるわけではない。私はむしろ、着替えがプライベートなことだという意識を幼い頃から喚起する機会にすべきだと考えている。

そして、さらに、着替えは性別というより、個別に扱う問題なのだということを私は考える。「おおらか」というのは子ども本人の気持ちではないのだ。「気にしすぎる」というよりも、「気にしなさすぎる」ことが問題ではないかと思うのだが。

着替えは私的な問題であり、公的な問題である

子どもたちの間でも、着替えに関する意識差は大きい。以前、子どもが下校した後、教室でテストの採点をしていたら、担任している6年生のハンドボール部の女子が何人か入ってきた。私が顔を上げると、いきなり着替えを始めるので「ここで、着替えはやめてくれ」と言うと「えーっ、別にいいじゃないですか」と言う。

そこで「ボクは男性だし、着替えは部室でしてもらわないと困る」と言うと「だって部室遠いし、男っていったって担任の先生じゃないですか。マジ、いいっすよ」と言うので、「よくはないよ、じゃあ、ボクが外に出るよ」と言って教室を出た。後で彼女らと話すと、「父親の前なら絶対に着替えなんてしないけど、先生だったら構わないと思った」という。

無邪気といえば無邪気なのだが、着替えることにあまりにも無防備であり、非常に危ういと思う。体育会系の女子にありがちな「豪放さ」なのかもしれないが……。教室で私は、日常的に、意識的に「性教育」をしてきたつもりだったので、まだまだ十分でないのだなあとショックだった。「気にしなさすぎる」ことを、もっと「気にしてほしい」のである。

このことを職員室に行って話題にしたところ、若い男性教員からは「そうなんですね。気を付けなくてはいけませんね」と同意を得た。だが、もし逆に、着替える子どもたちが男子で、教室にいた教員が女性だったらどうだろうか？　そう女性の教員に聞いてみた。すると、ほとんど

が「気にしない」（教室を出ない）と言うので驚いた。「まあ、女は、みんな母親みたいなもんですからね。男子も女子も気にしていないんですよ」と堂々としている。その後、論議は続いたが、つくづく性の問題は難しいと痛感した。教員たちのジェンダーに関する意識差もあるが、結局、一人一人が性についてどう考えているかを、丁寧に開陳しながら、こうした論議をすることが重要なのだと思ったのだ。

意識の多様性とさまざまな暮らしの場を含む学校でこそ

学校では、トイレの使い方から着替えまで、暮らしのさまざまな場面で子どもたちの「性の問題」が出てくる。性やジェンダーについては、子どもや保護者の意識の差、教員個々人の意識の差が大きい。と同時に、社会問題としても最初に述べたような「わいせつ教員」問題やジェンダー問題がある。まさに、学校は性にまつわる意識の多様性の中で、「子どもの性」に関して無自覚ではいられないのである。

※参考文献
『養護教諭の社会学：学校文化・ジェンダー・同化』（すぎむらなおみ、名古屋大学出版会）
『大人のための性教育』（「おそい・はやい・ひくい・たかい」112号、岡崎勝・宮台真司、ジャパンマシニスト社）

指導中に逃げる子の肩をつかむのはセクハラ？

男子も女子も「触れない」が原則

以前、こんなことがあった。若い男性教員がムッとした顔をして職員室に入ってきた。「岡崎先生、子どもの肩を触ったらセクハラですか？」と彼に尋ねられた。「どうしたの？」と聞いてみると、廊下を歩いているときに、目の前の6年生の女子児童がだれかの上靴を蹴飛ばしているので、注意した。しかし、その注意を無視し、笑いながら逃げようとするので、肩を後ろからつかんだという。すると「セクハラだ！」と言われたというのである。「セクハラ」と言われて虚を突かれ、結局、その子どもからしっかりと事情も聞けず、注意もできずに職員室に戻ってきたというわけだ。子どもが注意を無視したのは、その教員との関係があまり良くなかったのかもしれないし、教員の威圧的な態度に子どもが「ムカついた」のかもしれない。あるいは、子どもが単にふざけて若い教員をからかったということもあるだろう。しかし、その教員に私は「いきなり肩をつかむのは、ちょっと不注意だったね」としか言いようがなかった。

今、小学校でも子どもの体に触れるということを極力避けている。男子であろうと女子であろうと関係なく。「いじめ」であれ、セクハラであれ、本人が「嫌だな」と思ったら教員はそう受け止めなければならない。それが基本なのだ。例外もあるだろうが、かなりレアなケースだし、リスクもあるので、安易なスキンシップは避ける方向で仕事をしていくほうがよい。

「どこまでがセクハラで、どこまでが許容されるスキンシップでしょうか?」と聞かれても、明確な正解はないし、あるとしたら触れられた本人に聞くしかないということになる。しかし、教員と子どもとの力関係では、たとえ子どもの「同意」があったとしても「その同意は、ホントに大丈夫か?」と一度は疑ったほうがいい。

この教員には「とにかく、まず『ごめんね』と謝罪だね。それからしっかりと指導したほうがいい」と言うと、ため息をつきながら肩を落としていた。

私自身がこうした問題について心がけていることがある。そして、同僚や若い教員に聞かれたときのアドバイスとして次のような点を心がけるように話す。
・体に触れないで済むことなら、触れないでおく。万が一「先生は、冷たい」と言われても、それでちょうどいいくらいだ。「体には触れない」を原則とすること。
・どうしても触れなくてはいけない場合は、説明をしっかりすることと、周囲からみても納得のいくような場合だけの最小限にすること。
・異性はダメで、同性ならよいということはない。男同士はいいとか、女同士ならよいと思い込むのはリスクが大きい。
・手つなぎ、抱っこ、おんぶ等々をしてもらえば、子どもは喜ぶと決めつけないこと。嫌がっていても、当の子どもは「ノー」が言えず、「笑うしかない」場合もある。
・「親しみや信頼関係があれば触れてもよい」というのは、教員の側の勝手な思いでしかない可能性が高い。

そんな話をすると、「えーっ、小学生もですか？」と聞かれるのだが、「はい、もちろん」と答えている。「そんなに気を使わなくてはいけないのですか？」と聞かれても、「気を使わなくなるところで、性犯罪やハラスメントは起きてしまうのだよ」と言っている。

「良き教師」という思い込みが鈍感にさせる

私が若い頃、つまり「昭和の頃」だが、担任している子どもの爪があまりに伸びているので切ったことがある。そのことをカナダ出身の若い教員に話をしたときに「岡崎さんは、親の許可を取っているのですか？　子どもは嫌がりませんか？　なぜ、そこまでするのですか？」とかなり批判的に言われた。その時は、えらく形式主義的だなと思ったのだが……。

私は「良い教師」のつもりだったのだ。しかし、よく考えてみると、それは個人のプライベートな事柄であって、私はそこに踏み込んでいたのだと思い至った。私の敬愛していた先輩教師たちは、教え子たちにとって、学校における父母であり、保健師であり、人の道を説く「神父・和尚」であろうとしていた。そして、それが「良き教師」だと考えられていた。私もそれを受け入れていたのである。

しかし、そういう「良き教師」という思い込みだけで、子どもたちの嫌がる気持ちに無頓着で気づけなかったり、時には、セクシュアルハラスメントに鈍感になっていたかもしれない。

私自身、随分考えさせられ、それ以降は、本人や親の了解はもちろん、「良いこと」だと思い込んでいることこそ、もう一度考えてみるべきだと思うようになった。とりわけ体は個人のプライバシーそのものであり、気を使いすぎるくらいで、ちょうどいいと思うようにもなった。

プライベートなものへ介入する心構え

現在は、学校の身体測定もパーティションを作り、その中で、体の計測をしている。裸になることもなく、運動服など着衣のまま計測をする。しかし、そもそも体の測定にどれほどの意味があるのか?と私は思ってきた。最近は取りやめているが、胸囲や座高もなぜ計測してきたのか?不思議でならない。「子どもの健康のため」という安易な先入観で身体測定をしてきたのだと思う。

以前、疑問に思ったので「座高と胸囲はどんな理由・意義があって計測するのですか?」と教育委員会に問い合わせたことがある。当時は「法律(学校保健安全法施行規則)で定められているから」という理由だけで座高も胸囲も続けられてきた。しかし、法律が改正され、座高も胸囲も計測項目から消えると、途端に「座高も胸囲も計測しなくてよい」と言うのだ。その中止の経緯や理由の十分な説明も学校の現場ではきちんとされないままに、である。

もともとしっかりした理由はなかったのだ。徴兵検査の延長線上にあっただけではなかったのかと思う。もし、教育行政上の統計を取るために必要なら、少なくとも全国一斉に行なう必要はない。身体測定そのものを学校でやる必要があるのかと言われれば、私は「学校では、現実的にまったく必要ではない」と言わざるを得ない。

また、かなり以前、1975年ごろ、子どもたちの体力低下を憂える「熱心な教師たち」のグループによって、子どもたちの就寝起床時刻や排便の有無や便の状態の記録を付けさせ、それを材料にして健康指導をする「生活点検教育」が提案され、各地の学校で盛んに行なわれた。その研究会で私が「個人のプライバシーの侵害だ」と批判すると、「教育はそういうプライバシーへの介入も必要だ」と反論された。しかし、どう考えても、便の状態まで記録して学校に提出するという、個人のプライバシーを超えた報告の必要性が私には理解できなかった。

個人の体に関わる情報は「体に触れる」ことと同じように「個人のプライベートなものへの介入」なのである。だから、プライバシーに関わることにも、当然配慮や注意が必要になり、学校の仕事としては手間がかかる場合があるのは当然だ。しかし、もし、どうしても個人の情報が必要となるならば、時間と労力をかけて本人や保護者の了解をとるしかない。性の問題を含めて、直接的であれ、データであれ、子どもの体に「触れる」ことは、極めて慎重でハードルの高いことだと認識しておかなければならない。

しかし、私が従来から主張しつづけている「子どもの成長には三密が必要だ」という考えは、「子どもの体に触れることはできるだけ避ける」というセクシュアルハラスメントやプライバシー保護の観点とは一見矛盾するように見える。しかし、実は矛盾するのではなく、調整しバランスを取り、しっかりと区別すべき課題なのだ。時間と空間、その場の状況、人間関係など、子どもを取り巻く環境は彼らの自意識や成長・成育と複雑に絡み合っている。教員には子どものそうしたさまざまな場面での見極めと判断が不可欠なのだ。

だから、子どもの遊びやスポーツの中で、リアルに体をぶつけ合ったり、じゃれあったりすることを機械的に過度に避ける必要はない。子どもたちの声を聞きながら、安心して触れ合え、楽しめる機会を積極的に許容したり提供したりしていくことが今まで以上に必要なのだ。人間は子どもに限らず「心身非分離な存在」（心と体は深くつながり、影響し影響されるもの）であり、他者との密接なつながりの中で生きているということに尽きる。

遊びやスポーツ、生活の中で積極的に体が触れあう体験は、性愛や友愛における一体感を持てるようになるための地固めにもなるだろう。そして、今後も社会で協働作業に取り組むようになるときにも大切な経験となる。だから、「三密」と体を含めたプライバシーを守るという権利擁護の両立は、難儀であるが避けて通るわけにはいかない学校教育の重要な課題なのである。

2　今こそ性教育を考える

学校は、教員から子どもへの性犯罪をなくせるのか

被害に気づきにくい子どもたちを守るための「自浄作用」

子どもの年齢によるが、自身が教員から性的な行為を受けていると気づくことができれば、本人の通告で親や友達を通じて比較的問題が表面化しやすい。小学校低学年ではまだ「よく分からない」という場合もあるが、思春期に入った子どもたちなら、教員の性的な行動に違和感を持つことが多いし、周囲の友人も黙っていない。家で学校のことを話しているときに、「それは変だ」と親も気づいて学校に連絡が入ることもある。

子どもからすれば相手は担任という「いつも教えてもらっている学校の先生」（塾教師の場合もある）なのだから、そんな変なことをするはずがないと思うのは当然のことだ。もともと、そうしたある程度の信用の上に、教員という仕事はあるわけだし、子どもたちに初めから疑うことを奨励するわけにはいかない。

だからこそ、そういう立場を利用しての性犯罪は、同じ教員としても腹が立つし、決して起き

ないように職場での注意喚起や防犯協力体制が必要なのだ。

まず、一番重要なことは「学校の自浄作用と自己点検」である。「それが難しいんじゃないの！」と批判されることを覚悟で言いたい。

最近は小さい子どもの場合でも、だっこしたり、おんぶしたりすることにはかなり気をつかうし、教室や相談室で二人だけで面接するときは、ドアを開けておくのが普通になっている。もちろん、男女を問わない。

しかし、学校で自浄作用の機能を充実させるためにはもっと教職員がお互いに努力しなければダメなのだ。「自分は大丈夫」ということで収まっていてはならない。情報の隠蔽《いんぺい》や保身優先の教職員は決して許されないという覚悟を持たないといけない。

自浄作用の重要性は「事前に対応できる」ということだ。事件や不祥事が起きてからの、加害者への厳罰は必要ではあるが、本来は起こさないための方策が一番重要なのだ。

最近やっと、リスクマネジメントの一つとして「コンプライアンスチェック」（法律を順守した教育活動であるか点検すること）が学校で行なわれるようになってきた。不祥事を起こさないためには「学習」と「点検」が必要なのだ。しかも、みんなで繰り返し、日常的に学習・指導や啓発が欠かせない。第三者の助けを借りての研修も必要だ。

私自身が体育主任だったときに、水泳指導が始まると、職員会議で「子どもたちの更衣室や着替える教室に異物がないかどうかを、必ず事前に調べてください。その後で、子どもに着替えさせてください。くれぐれも私たち自身も疑われるような行動はしないようにしましょうね。安全第一で」とアナウンスしていた。

同僚からは「あんなこと言うとみんなに嫌われますよ、同僚を疑っているみたいで」とよく言われた。しかし、隠しカメラの盗撮はニュースでも後を絶たない。事件が起きると「そんなことをする先生だとは今でも信じられない」というコメントが管理職や同僚から出ていることも多い。しかし、外からの侵入者だっているかもしれないのだから、教室、更衣室、トイレなど、定期的に見回るくらいの意識はあったほうがいいと思う。緊張感のある相互点検があってこそ自浄作用が機能するのだ。

子どもの「信頼」につけこむグルーミングという犯罪

近年「グルーミング」という行為が、子どもたちへの性犯罪として認識されるようになった。上に述べたように「立場」を利用して子どもを手なずけ、わいせつ行為に至る犯罪だ。「不同意性交」やレイプとは区別して「グルーミング」という言葉で表現する。

これは、幼い子どもというより、思春期の子どもたちの悩みを聞いたり励ましたりして、まさに教師的対応、カウンセラー的対応のように装いながら、時間をかけて子どもから自分への「服従的信頼」を形成してコントロールし、長期にわたって性犯罪を繰り返すのだ。

２０２１年５月に法務省の「性犯罪に関する刑事法検討会」から報告書が出された。そこでは、

「『グルーミング』とは、手なずけの意味であり、具体的には、子どもに接近して信頼を得て、その罪悪感や羞恥心を利用するなどして関係性をコントロールする行為」とされ、「それに引き続いて性的な接触や搾取が行われる可能性が非常に高く、被害を受けた子どもは被害の継続により心身に有害な影響を受けることから、法的に規制すべきである」と指摘されている。

学校の先生だけでなく、家庭教師、塾教師、スポーツコーチなど、本来は子どもの専門的なケアを行なう立場の大人によるハラスメント・犯罪であり、暴力的な性犯罪というよりも、子どもの弱みや「信頼」につけ込んだ、心理的操作による性犯罪である。

こうしたグルーミングによる性犯罪は、外から見ていると、一般的な教育行為や支援・ケアとの線引きの曖昧さを含んでおり、摘発の対象となる行為を定めることが難しく複雑である。スクールセクハラであったり、強制的で同意のない性交渉であれば被害者の子どもははっきり自覚できるし、被害者としての立ち位置も理解できるが、グルーミングになると、加害者への依存心や安心感さえ抱いているし、当人の不安へのケアも含んでいるために防ぐことが難しい場合が多い。

成人になってから「あれが性犯罪だったと気づいた」とか、心的外傷後ストレス障害（PTSD）を発症したなどという場合も少なからずあり、この犯罪の悪質さと根の深さも重視しなければならない。

一方でグルーミングは、教員も保護者も、そして子どもに近しい大人がじっくりと子どもたちと付き合っていない、その反動から起きる犯罪だという指摘もある。グルーミングの被害に遭う子どもたちが「話をよく聞いてくれた」「親切でやさしかった」「悩みに付き合ってくれた」などと話しているように、承認欲求を満たしてくれたり、甘えさせてくれたりする加害者に不用意に近づいていくという場合も多い。

犯罪を誘引する密室化・閉塞化が加速

性犯罪をはじめ、学校で起きやすい性に関する事件は、学校や教室の密室度合いが高いところに原因がある。とくに思春期の子どもたちには、相手の人となりを十分見極めての交流ができにくいＳＮＳ環境も影響している。さらに、コロナ禍での三密回避の日常は、行動が限定され、視野が狭くなり、他者との距離が広がり、どうしても自己（自分の体）中心で考えるようになる。周囲への細かい気配りがおろそかになり、他者の行動への違和感、つまり、「あの先生の行動は不自然だ」「子どもが嫌がっている」などということが捉えにくくなる。

加えて、私が学校の密室化と閉塞《へいそく》化の一番大きな理由として挙げたいのが、教職員の多忙化である。この多忙化は教職員の関係をおろそかにして断絶させる。休み時間にお茶を飲みながら子どもたちの様子をリアルタイムで話したり、相談したりする機会がなくなっているし、教職員の「先輩後輩」の関係の中で、校内の子どもたちの情報や指導のコツなどを伝え合う場面もほぼ消滅した。

確かに、生徒指導や生活指導に限らず、会議だけは多くなった。研修も多い。しかし、本来は毎日、ナマものである子どもたちの今の動きにどう対応するかが大事であり、指導のタイムリーさが肝なのだ。それは、会議だけでは交流しにくい。

子どもへの性犯罪については、会議室だけでなく、ストーブ談義（最近はエアコンでストーブがなくなった）やお茶を飲みながら話されなければならない。教職員仲間で失敗しないようにお互いに性犯罪やハラスメントの話題をタイムリーにそのつど出し合って、時に専門的なアドバイスも聞けるという状態がいいのだ。もし同僚の不可解な行為を目にしたら、早めに注意や改善を提案することができる。「都会では、となりの住人がどんな人か分からないそうですね」とよく言うが、都会だけではない。実は、学校の教室でもとなりの先生のことをよく知らない……なんてこともある。管理職の責任は大きいが、管理職頼みの危機管理は効果が薄いのも確かである。今、ここにある危機に敏感でなければならない。

※参考文献
『性暴力と刑事司法』（２０１４年、大阪弁護士会人権擁護委員会・性暴力被害検討チーム編、信山社）
「刑事法ジャーナル Vol.69」特集：性犯罪の解釈と立法（２０２１年、成文堂）
『スクールセクシャル・ハラスメント―踏みにじられる子どもの性と生』（１９９０年、門野晴子著、学陽書房）

2　今こそ性教育を考える

性愛と性教育について考えよう！

「性交」を扱わない現場の性教育とその限界

そもそも学校で「性教育」をしているのだろうか？　自身の学校生活を思い出してほしいのだが、「性教育を受けてきた」とはっきり自覚できる大人がどれくらいいるだろう。実感として、「性教育」は小中学校では行なわれていないと言っていいのかもしれない。

小学校の学習指導要領には「性教育」という言葉すらない。理科での「おしべ・めしべ」「メダカの受精」「人体のつくり」、保健体育では「初経・精通」を学習する程度だ。

中学校になると保健体育では「思春期の身体の変化」「生殖機能の成熟」「受精と妊娠」が1年生で取り扱われる。

文部科学省の方針は、小学校はもちろんだが、中学校では「受精と妊娠」は授業のテーマになるものの「性交」については、取り扱わない。重要で根本的な性教育のテーマである「性交＝セックス」について、学習指導要領（【保健分野】3内容の取扱い（3））には「妊娠の経過は取り扱わないもの」と書かれており、性交については触れずに「通過」しなさいということになっている。「妊娠の経過＝性交＝セックス」を取り扱うことは、文科省にとって「不適切」だと考えているのだろう。

現在の中学校保健体育の教科書には「卵管の途中で精子と卵子が出会い」（大日本図書）とか「精子が女子の膣《ちつ》内で放出され、排卵された卵子と卵管で結合する」（東京書籍）などと書かれている。「性交によって」と書くのはなぜ適切ではないのか？　理由が聞きたいものだ。

教師たちの戸惑いとためらい

小さいころから子どもたちは、性器に興味を持ち、自分で眺めたり、触ったりして感触を確かめることが少なくない。とりわけ思春期を迎えた子どもたちにとっては、初経や精通、性交への関心は「性衝動」の表れでもあり、心身の成長として肯定的に考える必要がある。ところが、現代の子どもたちは性に関する知識のほとんどを、顔の見える「友人」ならまだしも、「ネット情報」から「意欲的」かつ、やみくもに受け取ってしまう。

さらに思春期では、性への関心が高まるとともに、異性・同性にかかわらず人を好きになる。必然的に、一緒にいたい、触れ合いたい、心を通わせたい、性交したいという性愛への入り口にさしかかっていく。教科書的に「新しい生命を生み出すことができる身体に成長していきます」というような文言を越えて、心と体はエネルギッシュに動き出すのだ。

こうした子どもたちのエネルギーは教師たちの手に負えない。突然「先生、セックスってなんですか?」「昨日、奥さんとセックスしましたか?」「3人子どもがいるってことは、3回はセックスしたんですすよね?」と先生に聞くこともある。教科書に書いていないことを、無邪気にかつ「教員対応戦術」(教員より優位あるいは対等の立場に立ちたいがための行為)としても聞いてくる。

「実際のところ、性や性交ってどうなっているんだろう」と疑問に思う子どもたちがたくさんいる。こうした質問に対して、きちんと向き合って答えていくために、少なくとも教員の側は、大人として知性的な受け答えをする必要がある。もし、「セックスしましたか?」という質問に「それはセクハラだ」と返すならば、なぜセクシュアルハラスメントになるのかをきちんと説明する必要がある。あるいは、質問をさらりとかわしたり、淡々と答えたりするにしても、子どもたちと教員の間で、性愛とセックスの問題をフランクにかつ真面目に話せるだけの素地が必要になる。

ところが、教員の側の性教育意識は学習指導要領どまりである。しかも、多くの教員は、自身が子ども時代は「学校ではよい子」だったであろうから、そもそもそんな際どい質問など先生にしなかっただろう。子ども時代の原体験の中にも、丁寧に「性教育」を受けたり、性愛を真正面から考えたりしたことがないのではないか。性について語ることは禁忌とされていたのであり、フロイトの精神分析の理論を借りて言うなら「学校文化の中で性の抑圧」を無自覚に受けていたのではないか。私自身も思い当たることが多い。

「(セックスについて語るのは)恥ずかしいですよ」「なかなか言いにくい、話しにくいよね」という教員は多いし、「だって、自分も教育を受けたことないしねえ」と下を向く。現在、多くの学校の性教育は、熱心な養護教諭が担うこともあれば、産科医あるいは保健センターから招く講師に、年に数回1時間程度、来校してもらって授業を依頼することが多い。

これから求められる「性教育」と「性愛教育」

本気で性感染症や性暴力から子どもを守り、加害者も出さないようにするなら、性交を含めた体系的な人間の種(生命)と生の営みとして性教育を考える必要がある。さらに、性愛が快楽を伴う充実した人間関係の営みだということ、そして、性に関することが法律や文化など「社会的な側面」も持つ問題でもあると、子どもたちに具体的に提起して学んでいく必要がある。

また、家族が、「サザエさん」的な昭和の時代の家族を標準型にできなくなっている現在、ステップファミリーを含めた多様な家族の中の子ども、例えば、シングルの親を持つ子どもたちにも「父と母」の性愛によって自分が生まれてきたことを認識する必要がある。

また、「何歳からだったら性交しても非行と言われないのですか?　それはどうしてですか?」という性の自己決定権に関する問題も避けることはできないだろう。

性的な行為と時期に関しては、当然、社会的必要性や「子どもの成熟度」に応じてである。しかし、教育者の視点で「発達段階に応じて」といっても、どこかにそういう物差しがあるわけではなく、現場の教員や保護者が子どもと向き合いながら、確かめ、より望ましいものを子どもに示すということであり、時代や社会によっても変化する。「教育は好ましい経験のすべてを指導する」という原則を掲げていかなければならない。「好ましい」かどうかは大人の裁量でもあるから、まず大人こそ「性・性愛教育」が必要なのだ。

「性教育」は性愛の肯定的受容が重要になる。現在、「性交は、結婚が前提でなくてはならない」という意識がまだ強く残っている。また、多くの場合、異性愛だけが前提として語られることが多い。性の多様性は、性の在り方、性愛の在り方も問いながら進めなくてはならない、非常にめんどうでやっかいな課題なのだ。

ジェンダーの問題、性の自己決定、売買春の行為、セックスワーカーなど、性愛は社会に生きる私たちの矛盾や課題のるつぼである。これからの「性教育」はそれらがテーマになり得るし、そこから目をそらすことはできないだろう。

こうした現実に向けて、ユネスコ（国連教育科学文化機関）などが提唱する「包括的性教育」という考え方がある。それは、人間関係や文化や人権、健康で幸福に生きるためのスキルなど、性を広く、さまざまな角度からとらえ、教育の枠組みで展開しようという考え方であり、アメリカでは30年も前に提唱されている。

「性教育」というと、「男女の身体の違い」や「子どもを性暴力から守る」ことだけに目が行きがちである。「感染症」や「性非行」の回避のために性や性愛に対して消極的であれと言わんばかりである。しかし、私たち大人はもっと性愛の豊かさを語っていかなければならないのではないか。

子どもたちが性愛をどう学んでいけばいいのかはまだ私も明確に分かっているわけではない。しかし、性と性愛の教育は、広く社会と個人がせめぎ合う大きな学習の場を作ることにつながるだろう。少なくとも「寝た子を起こすな」という態度で「性教育」を考えるべきではない。すでに「起きてしまった子をしっかりと目覚めさせる」ような「性・性愛教育」が必要なのではないか。

※参考文献
『大人のための『性教育』』(「おそい・はやい・ひくい・たかい」112号、岡崎勝・宮台真司、ジャパンマシニスト社)
『往復書簡　限界から始まる』(上野千鶴子・鈴木涼美、幻冬舎)
『性教育はどうして必要なんだろう?』(浅井春夫、艮香織、鶴田敦子編著、大月書店)
講演要旨「子どもの『性』と自己決定について:子どもの権利の視点からトータルに『性』をとらえる」(ARC平野裕二の子どもの権利・国際情報サイト)
http://childrights.world.coocan.jp/yujihirano/opinions/sexualrights/lecture030111.htm

『性の自己決定原論』（宮台真司、速水由紀子、山本直英、藤井誠二ほか著、紀伊國屋書店）
「性教育の課題は？　話題の包括的性教育とは？」（ＮＨＫ「性暴力を考える」）
https://www.nhk.or.jp/gendai/comment/0026/topic031.html

3　混乱する学校現場

忙しいのは授業だけじゃない

教員には三つの役割がある

新型コロナウイルス禍における子どもや教員にとって、マスクの装着と消毒が学校のルーティンになって、「エッセンシャルワーカー」という言葉が使われるようになった。医療や介護・保育・教育に関わる労働者がそれに該当する。「三密回避」をしたら仕事にならない、社会の維持にとって必要で不可欠な労働者だ。リモートワークやAI（人工知能）などデジタル機器で代用できない、専門的な対人ケア・サービス業と言ってよい。

学校の教員もそのエッセンシャルワーカーに該当する。学校の役割には、子どもを預かること（託児機能）、学力をつけること（教育機能）、そして一人前になって社会生活が送れるようにすること（社会化機能）という、おおまかに三つの役割がある。

しかし、その役割を担う教員の労働環境は劣悪・過酷である。「改善すべきである」という声が官民から出ているのに、改善がなかなか進まないのは、教員の仕事というものへの誤解があるからではないだろうか。「教員の多忙」と「教員の仕事とは何か」という問題を取り上げて考えてみたい。その手始めに、「先生は授業の前も大変だ」ということについて考えてみる。

授業が始まる前も大変

先生「はーい、みんな教科書の12ページ見てくれますか?」
子ども「何の教科書ですか?」
先生「あのさ、時間割見てよ、国語だよ。前の算数の時間の終わりに、言ったよね『休み時間の前に国語の準備をしてから、遊びに行ってね』って」
子ども「先生、教科書、忘れちゃったから友達に見せてもらっていいですか?」
先生「あのさ、今、コロナだから、くっつくのダメだよ。しょうがないなあ、じゃあ、先生の教科書、貸すよ……」
子ども「あの、ノートも忘れちゃったあ」
先生「そっか、教科書忘れた人? ああ、3人か。じゃあ、今から職員室行って、そこをコピーしてくるから、ちょっと待っててね……」
子ども「それまで、なにやってればいいですか?」
先生「どこでもいいから、教科書を読んでてくれる……」
と、まあ、こんな調子で毎日授業を始めることが多い。もちろん、朝の会があれば、子どもたちに連絡事項を伝えなければならない。運動場の使い方に関する注意から、「マスクを忘れないようにしよう」などの呼びかけ、「家庭訪問日の希望票」など個別に回収するものもある。

さらに、「席替えはいつやるのですか?」「○子さんと○子さんがケンカしていました」「今日は雨ですけど、体育はやるんですか?」など、低学年になれば、フッと思いついたことでも平気で質問する。「ちょっと、それさ後でもいい?」と教師が言えば「あ、無視した!」と言い放つ子もいる。ごく、一例だが、こうした、子どもたちからのいろいろな訴えや質問にも対応する。細かな対応だが、怠るとときどき面倒なことに発展するので気をつかう。

最近では、「先生、タブレットが開かない……」「充電忘れたあ」などGIGAスクール関連の多忙も加わった。

「学校は勉強するところだから、先生は勉強を教えるのが仕事である」というならシンプルでよいが、現実はそんなことにはなっていない。「学校で勉強、しつけは家庭で」ということを言う人もいるが、集団で生活する以上、学校は学校の生活があり、最低限のルールやエチケットを学校的にしつける必要がある。

親も分かりつつある「先生の大変さ」

たとえば、家庭でのオンライン授業がなかなか難しいということが、親にも分かってきた。勉強の機会と機械さえあれば、勉強するというものではない。コロナ禍でのオンライン授業の要請が多方面からあり、「勉強を遅らせない」という聞こえの良いフレーズで小中学校にタブレットが配布され、オンライン授業がはじめられた。

しかし、実態はどうだったか、どれくらい効果があったか。1日に何時間オンライン授業ができたのか？　どれくらいの理解度だったのか？　集中力はどうだったか？　親たちはどう関わったか、あるいは関わらなかったか？　タブレットを相手に一人で長時間の学習ができるのか？

こうした具体的な反省や総括がどれほどなされただろうか。実態調査は、聞き分けの良い子の多い学校ではなく、ぜひとも普通のどこにでもある小中学校を調査してほしい。

最初のうちはタブレットが珍しく、子どもたちも楽しそうだったし、一生懸命だった。しかし、配布されたタブレットは学習の道具であっておもちゃではない。道具はあくまで道具で、使い方が問題なのだ。教員の教えるという仕事を誰かが請け負ってくれるわけではない。オンライン授業が学校の学習にとって代わることは、それほど簡単ではないし、ほぼ無理だと私は思っている。

「先生、オンライン授業だめだわ、自分でタブレットを使って勉強なんて、ウチの子はむりです。分からなかったら質問すればいいのに、タブレット授業って、余裕もすきまもないよねえ」などと親の愚痴をきくことが多い。

生活指導には時間も手間もかかる

　学校教師には「子どもの生活を指導する」という仕事がある。これは、子どもたちを一人の生活する人として、勉強だけに特化しないで育てていこうという意識からはじまっている。ときには、問題をかかえている子どもたちになんとか社会性をもたせるための指導もする。大きな問題から小さな問題まである。

　給食の時に「食器は投げないでね」というシンプルな「しつけ」からはじまって、自治的活動、当番活動、文化行事など、勉強という狭い教科の領域だけでない生活・暮らし全般にわたって子どもを生活の中で育てていこうという「教育的企て」である。

　現代の教員の多忙化の一つに、こうした教科の勉強以外の「生活する子ども」への働きかけに時間と手間がかかるという現実がある。これを「過剰な教育」や「余計なおせっかい」と見る向きもある。もちろんそう言えるところもある。だが、ここで私が述べるのは、そんな高いレベルを要求しているのではない、「普通」あるいは「最低限」、学校における「エッセンシャルしつけ」程度のことである。

　たとえば、授業が始まっても、子どもたちが静かにしてくれないとか、教科書を忘れるくらいはたいしたことではない。授業中の立ち歩きも、ほどほどならよい。騒がしくても、「静かにしなさい」と言って静かになるなら特に問題などないと思う。しかし、その水準に持っていくのにエネルギーの積み重ねやスキルがいるのだ。

私たち教員は、教室に入ってすぐに授業に取りかかることができれば「今日は、なんだか調子いいなあ、ラッキー」という気持ちになる。「教員の多忙化」というとすぐに長時間労働や無賃労働が問題になり、子どもとの触れあいが不足するというアナウンスがされる。もちろんそうなのだが、教員の仕事の実際をもう少し丁寧に見てみると、「生活する子ども」への対応には、時間の多さだけでなく、その多様さ、複雑さと密度の濃さ、そして精神的な気配りという仕事によって生み出される疲労がかなりあるのだ。

個別と集団への対応を両立

「教員の仕事を減らすことが重要だ」と言うなら、こうした勉強を成立させるための段取りや準備も仕事のうちと考える必要がある。小学校の教員である私からすると、時間割に並べられた教科学習をはじめるまでの準備には、教材の扱い方や教え方の研究だけでなく、子どもたちへの個別指導や配慮もあるし、上に述べたような「今日の生活する子ども」の実態に応じた即時的な配慮もする必要がある。わかりやすく言えば、たとえば、赤ちゃんに離乳食を食べさせるといっても、どんなものを与えるのか、本人の好き嫌いや味、舌触り、スプーンの大きさや軟らかさ、声のかけかたなどいろいろな要件がある。離乳食を吐き出す子どもには苦労するだろう。だれもが離乳食を口にすれば咀嚼《そしゃく》してくれるとは限らない。それと同じである。

しかも、学校は、子ども一人一人にできるだけ即した対応も必要だが、子どもは一人の個人でありながら、同時に集団の中の一人でもある。子どもたち同士の関係やからみぐあいも加えて考えなければならない。

授業中、教員は無邪気に名前を呼んで指名しているわけではない。子どもたちの中にある人間関係の力学を考える。「いつも、あの子ばかり」「いくら手を挙げても、当ててくれない」「難しすぎて、手を挙げられない」「意見を言うと笑う友達がいる」「あの子は頭いいから、いつも正解を言うでしょ。だから、私たちが手を挙げてもしょうがないじゃん」などなど、教室には子どもたちのいろいろな思いが渦巻いている。指名一つにしても、気を抜けない。

そこで、集団性の中で、個別性をどう位置づけるか、あるいは、授業の中で「みんなで学ぶ」ことが実現できるか……という課題を持って授業をする。意欲のばらつきのある集団に学習をしてもらう工夫や根気とエネルギー、これも場合によっては多忙に直結する仕事の中身である。

スタートラインに集める

一般的に「教師の忙しさ」というのは、まず、授業を成立させるために子どもたちをスタートラインに並べること、いや、並ばなくてもいい、スタートライン付近に集まってもらうことから始まるのである。そこには、子どもの個別性に対応したり、子どもたちの集団性に対応したりするという、かなり複雑で緊張を伴う密度の濃い仕事が長時間にわたる。

「教室では静かにする」「先生の言うことはちゃんと聞く」というタテマエが生きていた、ある意味のんびりしていた昭和時代とは全く違うのである。

※参考文献
「現代思想」２０２２年４月号　特集「危機の時代の教育」（青土社）
「そだちの科学」２０２２年４月号　特集「子ども臨床の課題と難題」（日本評論社）

3 混乱する学校現場

職員会で白熱した議論が消えたわけ 「開かれた学校」の呪縛

学校作成文書は増え続けている

気温が上昇し、どんどん暑くなり、コロナ禍の学校ではマスクが苦しかった。子どもたちに「先生、マスク取っていいですか?」と聞かれれば、「もちろん、熱中症になるといけないからね」と歓迎した。自分で、息苦しいとか、暑いと訴えてくれるのはありがたい。暑くなってくる五月、運動会の練習を手伝っているが、勝利しても「やったぁー」とか「わぁーい」と口を大きく開けて言えないのがつらいというか、変! 連休明けの運動会練習はかなりキツイ。4月の超多忙だった疲れが残ったままだ。職員室はため息合唱隊になっている。

ところで、教員が忙しくなった理由で、よく言われるのが学校の文書が多くなったということだ。1990年ごろからだろうか。その引き金になったのは、インフォームドコンセントやアカウンタビリティ(情報の公開と納得を得る責任)を学校で重視するようになったことが挙げられる。

民主主義国家において情報の公開は当然のことであり、それに伴う説明責任が必要であることは言うまでもない。だが、問題はそれほど単純ではない。情報公開制度を支えるだけの態勢が学校にできていないところに問題があるのだ。

メモも公開を前提に

保護者や市民には、学校教育に関する情報を知る権利があり、「行政機関の保有する情報の公開に関する法律」（2001年4月施行）によって公的文書は公開させることができる。たとえば、職員会でどのような論議がされているかということや、研修の内容などである。

この法律ができるまでは、学校の職員会議録などは裁判で論議されるときに提出されるくらいで、ほぼ一般の市民が見ることはできなかった。また、学校で起きた体罰や不祥事が保護者にきちんと説明されず、隠蔽《いんぺい》されることも少なくなかったと思う。

だが、情報公開制度の意義が社会的に認知され始めてからは、隠しごとは保護者の信頼を得られず、学校にとってマイナスになるということが言われ始めた。

そして、学校では職員会議録は公開前提で作らなければならなくなった。もちろん極めて個人のプライバシーに支障のある内容は黒塗りにしたが、それ以外は、メモさえも公開対象になると私は教えられた。

校長が職員会で「みなさんのメモさえも情報公開の対象になるので、不用意なメモはしないでください。記録者もできるだけ論議を精査し、あとでトラブルの起きるような記録は避けてください」と言った。ここまで言われれば、メモを取る教職員はいなくなる。

波風立てない議論に終始

子どもについて論議するときは、いい話ばかりではない。万引きや不法行為、暴力などさまざまなネガティブな意見や感想などの話がたくさん出る。子どもへの印象も指導も教員によってさまざまだ。

たとえば「この児童への指導は、限界があるので、親に責任を取ってもらう方向で対応すべきだ」と意見が出たとする。すると、発言した当人は「あっ、こういう意見は無責任と取られ、まずいかもしれませんね。記録しないでください」とか、あるいは「当該の子どもの親に情報公開して、この意見を読まれたら抗議してきますよね」などという声もよく出た。

つまり、情報公開は教師の「責任回避」を促し、自分たちが「指導力のない教師たち」とラベリングされることを恐れさせる。

よく考えれば、論議中の一つの意見なのだから、そういった意見はあって当然だ。未熟な意見や乱暴な意見、軽口、冗談や皮肉が出たとしても、それを含んで自由闊達《かったつ》に論議しなければならない。

リスクを避けようと慎重になると、とにかく波風の立たないようにしなければならないという姿勢が強く出るようになる。そうなれば、おのずと「異論」を控えるようになる。だが、論議した実績は残さなくてならないということだけは、強く迫られることになった。

結果としては、職員会での白熱した論議は消え、「原案通りで、まあいっか」型の話し合いが増えていった。情報公開制度に基づいて公開しても、たいしたものは何も出ないようになる。

メモや経過報告は信頼形成の手段

現在では、学校で起きた事件や保護者とのトラブルなどは、よほど軽微なこと以外は口頭でなく、すべて文書として記録されることになっている。こうした文書化は、今まで大きな問題になったときだけに限られていたが、最近はかなり微細なことでも記録に上げるよう管理職から指示されている。

だが、私自身はそれが「不必要である」とは言えないと思っている。つまり、文書化は職場での問題・課題の共有化や討議をするためにも必要な場合が多いからだ。情報公開のためというよりも、職場内の検討資料として必要なことが多い。メモや経過報告なしで論議はできない。保護者への説明も必要であるし、丁寧な説明は保護者との関係形成には不可欠だ。保護者との関係といっても、それは「信頼を失わないように」ということではない。

そもそも信頼は学校と保護者で作り上げていくものであって、最初から信頼というものが確固たるものとしてあるわけではない。具体的に信頼を作り上げようとする意志のないところには、信頼も何もない。メモや経過報告はあくまで信頼形成のための一つの材料に過ぎない。

ゲームに勝つための記録や報告でいいのか

メモがたくさんあるからといって具体的事実が明らかになり、教育活動が円滑になるわけでもない。ある教員は担任している子どもの荒れを事細かに記録し、保護者の無理難題に対抗するためにそれを提示した。

「何度注意しても話を聞こうとしないのです。たとえば、先週の月曜日は1時間目の国語の授業で5回、授業を妨害するようなことをしたので、こういう言い方で注意しているんです。でも、お宅の子どもはこういう態度でした」と記録を保護者に見せる。

今まで、「教員の指導が悪い、うちの子はもっと素直なはずだ」と保護者は教員に言いつのっていた。それに対して教員は記録と報告で対抗したのだ。

残念なことだが、信頼形成には後ろ向きの行為である。こうしたやりとりは「言い負かした、言い負けた」というゲームになっている。記録や報告は、どっちが勝つかというゲームのためにあるのではない。しかし、学校の記録や報告、市教育委員会への提出文書類が、市民からの批判をかわすため、あるいは、世間の目への警戒心から作られているとしたら、そこから子ども、親、教員の関係性はゼロサムゲーム以外にはならないだろう。

「必要な情報」の精査を

学校の情報公開制度は、もともとは、学校を開かれた責任あるものにしていこうという趣旨から作られているのだ。学校は今までも、現在も「情報の取り扱い方」に十分習熟していない。同時に、そこで取り扱われる情報は文書だけでなくデジタルデータも含んでいる。今後はさらにその範囲と量は増えるだろう。

だが、ここで考えなければならないことが二つある。

一つは、そうした情報の取り扱い方、作成、処理を教員がすべてやっている現状は改善されなければならないということである。よく、「本当に必要な情報だけにしてほしい」という声を現場で聞く。

しかし、本当に必要な情報は、誰がどうやって決めるのかということだ。教員は本務である教育がまず中心にあって、その必要性からさまざまな情報を使うことになる。

「情報は多ければ多いほどよい」という発想は無駄な情報も増やすということにつながっていく。「まあ、ないよりあったほうがいいかな」という程度の情報は、無駄を増産する。つまり、情報の処理で忙しくなり、本務である授業に十分に向き合えないとするとこれは本末転倒なのだ。

必要か必要でないのかを精査しなければならない。そのためには情報の処理に携わる教員自身の時間的余裕と、そもそも教員が少ないという、人的資源に問題がある。

文書化できない情報もある

二つ目に、そもそも情報とは何かということだ。情報というと、文書化できるもの、データ化できるものをいうことが多い。しかし、実は現場では、言葉にならないその場その場の必要な情報がある。

たとえば、保護者が破産し、生活保護を受けるようになったとする。データとしては、「生活保護家庭が1増えた」ということだ。

しかし、子どもという人相手、生きた人間相手であれば「どんな生活ぶりだったのか」「今後子どもとどう付き合っていくのか」「保護者にはどんな言葉をかけていくのか」など、経験知の多い教員たちに子どもや家族と向き合う知恵をもらう必要がある。子どもたちだけでなく家庭の多様性を含んで、対応には慎重さが必要になるということだ。生きたその場その場の文書化できない、あるいは言葉にしにくい個人情報も必要なのである。

「トラブルの報告文書を作っている時間、子どもや親と話し合うほうがよい」と判断できることも多いのが現実だ。

学校文書が教員の多忙化に拍車をかけているという現実が確かにある。しかし、情報や文書の優先順位と、処理に見合った数の教員がいれば、学校は開かれた責任あるものになるのだ。情報処理は目的ではない。手段なのである。

3 混乱する学校現場

「結局、マスクは外していいの？」

マスクをしない「普通」がうれしい

コロナ禍、2年目の2021年、久しぶりの水泳の授業では、教員だけが「水泳用マスク」という口鼻用のれんみたいなものを着用し、「なにぃ～それ」と高学年女子に笑われ、トホホである。プールサイドから子どもたちに「大声で、はしゃがないの！」とハンドマイクで教員が叫んでも、テンションの高いノーマスクの子どもたちにはなかなか伝わらない。そのむなしさに思わず笑ってしまう。マスクのない子どもたちが水しぶきをあげているという「普通」はうれしいものだ。

しかし、学校の日常はマスク着用からはなかなか離脱できないでいた。

「子どもって可愛いですね、マスクを外して話ができると、すごく気分が良いです」と同僚たちが言う。でも、一方で、「マスクを外すのって、けっこう恥ずかしいですね。それに外しましょうと言っても外さない子どもが結構多いんです」と言う。私も指導していて強く感じる。マスクが外せない。能面か何かが顔に張り付いて取れなくなる「嫁脅しの肉付き面」の話があるが、マスクも肉付きになりつつあるように感じていた。「外しましょう」と言って簡単に外せるものではないことも分かった。

熱中症対策と感染症対策、どちらを優先？

政府見解と文部科学省通知で「子どもたちのマスクの着用が中止になるかもしれない」と思いきや、まったく現場にそんな気配はない。どこが変わったの？と保護者に尋ねられても、その説明も中途半端で「なんだかよく分からないわね」と言われ、「結局、いままでとかわりないわけですね！」と念を押されてしまう。

2022年6月の半ばには「新型コロナウイルス感染症対策としてのマスクの着用について」の「追加プリント」が保護者に渡された学校もある。つまり、「結局、マスクを外していいのか？」という説明不足への補足説明である。

「体育などで、熱中症リスクが高くなることが想定されるため、熱中症対策を優先し、児童生徒に対してマスクを外すように指導します」という「追加」のアナウンスである。「外すように指導します」が付け加わった。

「で？　何？」、結局、外させることにする。しかし、「熱中症対策」だから？マスクを外すのであり、「新型コロナウイルス感染症」に関わってマスクを外すのではないのだ……。

よく分からない、というかリスクの優先順位によるのだろうか。「熱中症の危険がなければ、マスクは今まで通り着けるのですか?」と悩んでいる。教員は外していいのか? 微妙なのだ。

難解な文科省の通知

文部科学省が2022年6月10日に出したマスク着用についての通知の要点は、「三密回避」と同時に①人と人との距離確保②マスク着用③手洗い等④換気という4つである。そして、これらを「徹底していく必要があります」と述べられている。

そして「熱中症予防」にも気を付けて「適切に御対応ください」と言う。これをもとに地方の教育委員会、各学校は「新型コロナウイルス感染症対策としてのマスク着用について」というようなプリントを保護者に配布したのである。しかし、実際のところ文面は今までとほとんど変わりはない。

マスク着用について、ある教育委員会が教職員に配布したマニュアルを見てみよう。

「登下校時など屋外では、十分な身体的距離2メートルが確保できる場合には、マスクを外してもよいことを指導する。また、身体的距離が確保できない場合であっても、会話を控えた上であれば、マスクを外してもよいことを指導する」とある。

基本的には「身体的距離2メートル」か「会話なし」であればマスクはとってよいということだ。「登下校時はマスクを外していいことになった」というようなアナウンスをどこかで聞いたことがあるが、実際は「身体的距離2メートル」「おしゃべりしない」が確保できなければ、マスク着用は必要だということは変わりない。

さらに、屋内では「原則マスク着用」であるからほぼ今まで通り。授業中の対面は、「沈黙して15分以内ならよろしい」という根拠のはっきりしないマニュアルも以前からある。

試される学校のリスク回避能力

今回の文部科学省通知は夏の熱中症予防に向けての意味もあったと思うが、熱中症予防はマスクの着脱指導というよりも、学校の側のリスク回避能力に負うところが多い。要点をいくつか挙げてみよう。

熱中症の危険があるような運動なら、休むか中止すべきだ。炎天下の部活などは自殺行為だと。まあ、体育会系部活大好き先生の多くは「根性と信念」が「理性」をしのいでいる場合があるので、なかなか難しいのだろうが。

同じように、気温が高いにもかかわらず「これくらい大丈夫です」などと言って、体育授業をしている場合。または、長時間にわたり炎天下に立たせて訓話を聞かせる場合。そして、もっとも問題なのが、子どもが幼いか、あるいは子ども自身が周囲におもんぱかって、「つらい」ということを、「弱音を吐くこと」と勘違いして、自制する場合などが、リスク回避に鈍感になりやすいと考えられる。

「少しくらいは頑張ってほしい」という教員や親の気持ちも分からないわけではない。しかし、今の子どもたちは、私たち大人の子ども時代（昭和、平成前期まで）とは「育ちが違う」のだ。しかも、温暖化の影響だろうが夏の気温の高さは尋常ではない。私自身、担任を持っているときに室温が34度になったことがある。当時はエアコンもなく、窓を全開しても風が入らない教室の熱風を扇風機4台でかき回しているだけなので、外の木陰にクラス全員で避難したことがある。午後の学校でエアコンのない運動場や体育館は過酷なのである。

「自分でマスクを外してよいか判断の難しい児童生徒には、気温や湿度、屋内・屋外にかかわらず息苦しいと感じたときにはマスクを外すように指導するように」と言われても、「感染すれば命に関わるし、他人に感染させる危険性があるから、常に着用すること」を恐怖と共に2年間しつけられた子どもたちには、なかなか難しいのだ。

マスクの「効果」と「リスク」

「距離を離しておしゃべりしないってさ、シカト・ムシみたいで、なんかいじめにあってる状態みたいで笑えるね」と以前、子どもに言われ、思わず「笑えないぞ」と苦笑いするしかなかった。子どもにとっては、マスクを外して離れているくらいなら、マスクを着けてベタベタくっついて遊んだほうがいいのである。あ、ベタベタもダメだっけ……。実際に、2メートル離れて、黙っているような遊びは子どもたちにはない。

以前から、子どもにマスクは無理があると言われていた。私自身もマスクの効果とリスクを考えると、子どもには必要ないと思っている。子どもの表情がつかめないまま学校生活が続いているし、子どもたちも先生の顔を見ることができていない。たまたま先日、苦しくなってマスクをちょっと外したら子どもが「わあ、先生の顔初めて見た」と笑っている。

身体的に接触しないデジタル機器で子どもたちの気持ちをつかもうというアプリケーションが学校に出回っているが、リアルに顔の表情を読むことの重要性を私は強調したい。リアルな人間の距離感は、デジタルの距離とは違うのだ。たとえ「昭和ですねえ」と言われても、令和をディストピアにしないためにも言わなくてはならない。

実質的には今までと何も変わらない、今回の「マスクを外していいですよ」という文部科学省の通知は、「マスクにこだわるせいで熱中症になってしまった」ということになったときに、責任を逃れるための免罪符づくりのためのものとしか、私には思えないのである。現場は本当に困惑しているのだ。

3 混乱する学校現場

マスクが子どもたちから奪ったもの

口はプライベートゾーン？

現在第7波が押し寄せ、新型コロナウイルスの感染者が激増している。夏休みを前倒しした学校もあるし、夏休み直前に学級閉鎖・休校というところもあった。なかなかしぶとい新型コロナウイルス感染症である。

子どもに教える「プライベートゾーン」は、性教育の中で「他人に見せない、触らせない大事な部分」という意味で使っている。簡単に言うなら、水着で隠された部分だ。この「プライベートゾーン」に顔、特に口も入るかというと、性愛の現実から言うとキスをはじめとしたオーラルセックスまで含めれば、当然プライベートゾーンになる。子どもでもそれは同じことだ。

マスクは、口というプライベートゾーンを隠している「顔パンツ」みたいなものだというとき、問題はさらに深刻になる。

一日中帽子を取らない子を私は担任したことがあった。特に頭皮・頭髪に病気があるわけでもない。前担任も「取ったらどう？　と言ったんですけれど、ずーっとかぶっているんですよ」という。帽子くらいで子どもとの関係を悪くするくらいなら、放っておけばいいのではないかと思い、担任した初日に、私は一言だけ「無理に帽子を取ることはないからね」と本人に伝えた。

こういうときには、鈍感な私でも心や気持ちの問題だということは分かる。「取りたくない」「取りたいけど取れない」、そんなふうに自分でも困っているんだろうと思った。2週間後に彼はいきなり帽子を取って教室に座っていた。そして、「岡崎先生と50メートル走の勝負をしたい」と体育の時間に突然言い出した。子どもたちは彼の変化に騒いでいたが、私は「暑いから帽子を取ったんだね。いいよ、次の体育の授業に勝負しよう」と言って終わりにした（もちろん、50メートル走では気をつかって、私は彼より少し遅くゴールした）。彼は帽子をかぶることで自分を守り、落ち着かせていたのだろうと思う。

見られたくない、でも見たい

これによく似たことは今までにもあった。目が見えないくらい、前髪が長いとか、いつも伏し目がちとか、風邪を引いているわけでもないのにマスクを着用している子どもである。そんな子どもたちは、「消極的」「クライ」「奥手」等々と評される子どもたちで、少なからずクラスには存在する。クラスで友だちと打ち解け、一緒に会話や遊びができると次第に顔が見えるようになるのだ。髪を短くカットして、すっきりした顔になって、笑うとこんなに可愛いのかとびっくりすることだって少なくなかった。

コミュニケーションがうまく取れないとか、気質として消極的で周囲からの目が気になる子どもたちはいつの時代も存在する。教室で帽子をかぶるほうが目立つじゃないかとか、髪で顔が見えないほうがからかわれやすいだろう……とか思うかもしれないが、彼らにとっては、二つの必要性があってのことである。一つは「突き刺さるような他者の視線を避けつつも、周囲を監視する」こと。二つ目は「やっかいな自己表出を回避すること」である。マスクもそういうときの自己防御アイテムになっている。

「だてマスク」という言葉があるが、「他者の視線を避ける」ことができる一つの方法である。コロナ禍で必需品となったマスクは、実際は口元だけだが、顔全体を隠すという意味をもっている。顔を隠すことで象徴的にはその人間全体がはっきりしなくなる。そうして、他者からの視線を防ぎつつ、自分のほうからは他者を観察することができる。

「マスクをするとなんだか安心できる」という思春期の高校生のつぶやきはよく聞く。不安でマスクをつけることを「社交不安」と言うようだが、そこには、自分は見られたくないという気持ちと、他者を見たいという「欲望」もあると思う。

マスクをつけるということは、自分を目立たないような位置に置きながら、周囲の君たちをちゃんと見ているんだよ……ということだ。

コミュニケーションを妨げるマスク

実際に、教室で、私自身もマスクをつけた子どもたちにじっと見つめられていると、ときどき、「子どもたちに監視されているのではないか」という気持ちになることがある。おそらく、学級崩壊したり、自分の指導が無力になっていたりする教室の教師の不安な気持ちに似ているのではないかと思うのだ。

マスクをつけた顔の表情はなかなか読めない。目しか見えていないので、全体でどんな感じなのかはつかみにくい。だから、言葉で言ってもらわないと子どもの気持ちも察することが難しくなっている。

また言葉によるコミュニケーションも、マスクによって妨げられているのも確かだ。マスクは言葉を発する口を塞いでいる。「言っていることがよく聞こえない」というときに「マスクを外して話しましょう」と言えない。「もっと、大きな声で、はっきりと分かるようにね」と子どもに指導することが多くなった。

このことは、発言や発表の意欲を減退させる。教師の中でも「もう一度言って」ということが多くなる。話すほうも、マスクが口にまとわりつくようで滑舌は確実に悪くなる。そして、聞き取りにくくなっていく。「面倒だから話さない」という子どもが少しずつ多くなっている。

「近くで話してはいけません」というのがコロナ禍ではデフォルトになった。黙食が普通にできてしまうようになったのは、「新型コロナ感染症の恐怖」のおかげである。「感染したら怖いことになる」という宣伝が行き渡ったからだ。正しい方針だったかもしれないが、食べながら話すという基本的なことができなくなったとき、子どもの生活の中では肉声の会話がどんどんなくなっていった。「無駄口」が減っていいと言う教師もいるが、「無駄口」の中には大事な情報や信号が入っているのだ。

意思表示を回避するアイテムにも

マスクは「自己表出の回避」アイテムにもなった。今までも、小声でもごもごと話す子どもたちは、いっそう肉声の会話がおっくうになっているような気がする。以前なら、低学年の幼い子どもたちが、もごもごとしゃべっているときでも、教員はかなり近づいて「どうした？　なんだって？」と聞き返したものである。今でも、聞き返しているが、マスクのおかげで「もごもご」度数はかなり上がった。聞き返しも2回目くらいからは、子どもたちの「もういいよ」の拒否とあきらめ気分が充満する。

さらに、ときどき子どもたちの前に立っても、油断していると、誰が話しているのか分からなくなることがある。「発言しているのは私です」と立つか、手を挙げて目で見える信号を出してくれないと、誰が発言しているかが分からなくなることもあった。

マスクは子どもたちに沈黙を強いて、肉声で話すことを「面倒なこと」にした。そして、外せないマスクは、子どもたちの唇の動きを隠し、顔の表情を他者に分かりにくくした。集団の中で自分の表情を隠し、目立たなくし、煩わしいコミュニケーションを回避しながら、発言したり意思表示したりすることも回避できるアイテムにもなった。コロナ禍の生活を続けることで、マスクは子どもたちの生活の声を奪ったような気がする。

※参考文献
菊本裕三『「だてマスク」依存症』（扶桑社新書、２０１１年）
堀井光俊『マスクと日本人』（秀明出版会、２０１２年）

3 混乱する学校現場

ゆるい部活動考

勝利至上主義とは無縁

教員の多忙化の大きな原因の一つと言われている「部活動の指導」について論じてみる。まず、部活動の実態は地域によってかなり違う。小学校と中学校でも違いはあるし、小学校では部活動がなく、子どもたちは地域のスポーツ少年団に所属しているような地域もある。

しかし、学校の部活動の実態を大きく分ければ、競技力向上・成績優先・勝利至上主義的な部活動と、趣味クラブ的なゆるい部活動がある。今回はまず、あまり論議されないゆるい部活動から考えてみよう。

私自身は新卒以来、教育系大学の体育科出身ということもあって重宝がられ、通年、なんらかのスポーツ系部活動の指導にあたっていた。ただ、ゆるい部活動を心がけていたので、日曜日や早朝の練習はしなかった。年に数回、土日や夏休みに実施される地区大会参加、試合審判、会場運営にかり出されることもあったが、都合が悪いときは、それも断っていた。多少嫌な顔をされることもあったが、都合がつかないのだからしょうがない。

自由で気楽なのは無償ボランティアだから

そもそも、部活動は基本的には、本務でなく無償のボランティアである。だから、自由かつ気楽に取り組めた。加えて、勝利至上主義的な考えは一切なかったので、楽しむことはあっても、のめり込んだり、過熱してトラブルになったりすることはほとんどなかった。

自分の子どもに手がかかるようになってから部活指導をやめた。子どもを保育園や実家に送迎するためには勤務時間終了後に部活動はやっていられなかったからだ。無理に部活指導をしていれば、自分の健康をはじめ家庭や趣味など「仕事以外の大事なこと」がおろそかになることは目に見えている。そんなことくらい誰でも分かる。

だから、指導を担当する教員がいなくなれば、部活動が消滅するのは当たり前と思っていたし、基本的にボランティアでやっているのだから、指導顧問を辞しても校長や同僚にとやかく言われる筋のものではない。私の場合も顧問をやめたときは「いままで、ご苦労様でしたね」と同僚や保護者たちに言われただけだ。

部活指導は教員の主たる仕事ではない

自分自身、サッカーは好きでずっとやってきたし、スポーツは嫌いではない。運動不足も解消するし、気分転換にもよかった。何より、子どもたちと無邪気に楽しめる。部活指導をやめると言ったとき「週に2日くらいでも無理ですか」と子どもたちに言われたので、校長に伝えた。校長が他の教員に代行を打診すると、「週2日くらいならいいよ」という教員がいたので、校長が指導を依頼していた。

愛知県では「中学校生徒は全員部活動加入が原則で、すべての教員が何かの部活の指導をすべきだ」という学校もあったので、びっくりしたことがある。友人がそういう学校に勤務していて「部活指導なんてしたくないのに、バスケット部を指導しろと言われた」と言うので、私も一緒に、強制しないように校長にかけあってみたところ、「分かりました、あくまでお願いですからいいですよ」と承諾してもらった。

それは、当然である。「部活指導は教員の主たる仕事ではない」のであって、あくまで「ボランティア」なのである。ナチスの「労働奉仕隊」でもあるまいし、強制されるボランティアなんてあり得ないし、無理やりさせられるはずがない。

スポーツ系部活の「暗さ」

部活動は取り組み方によっては楽しく充実する面も多い。スポーツ系部活に限って言えば、ゲームだから盛り上がるし、やった感、充実度も高い。私が小学生時代に参加していた野球部は楽しかった。野球それ自体も楽しかったが、部活後にみんなでスイカを食べたことなど、授業よりもうんと楽しかった。

私は監督のサインを無視して動くことが多かったので、よく殴られた。道徳の授業でよく使われる「星野君の二塁打」という物語を読んだときに、これは自分のことかと思うほどびっくりした。それにしても、この物語は、全体にかなり暗い話だなと思った。私の場合はもっと明るかったし、指導していた先生も「サイン通りやれよ！」「いいかげんにせんか！」と怒り出すが、しばらくすると「しょうがねえな」と笑っていた。私も「すんませーんー」で終わった。

スポーツ系の部活動は、楽しさもあれば、「勝たなければ意味がない」という徹底した競争原理による地獄のような暗さもある。私自身は勝利至上主義とは無縁で、けっこう楽しい、ゆるい部活を経験してきた。路上生活者の炊き出しなどいろいろなボランティアもやったが、それに比べると、部活指導は無邪気で楽しかったと思う。参加する子どもたちも学業成績とは関係なく、加入するのも脱退するのも自由（いちいち理由を私は聞かなかった）だった。子どもたちも自分の都合で休むのは自由だった。私も都合の悪い日は、ためらわず部活を休止した。

部活では、他のクラスや学年の子どもや保護者との出会いもあって、愉快だった。ある年に、外国人労働者の子どもたちが学校にたくさん入ってきたことがあったが、ブラジル籍で異様に大きくサッカーが大好きな6年生がいた。他校と練習試合をしても、彼のおかげで勝利するので、盛り上がった。卒業するときに、本当の年齢は中学2年生だということがわかって、その親と大笑いしたことがあった。ゆるく、のんびりした部活動であった。

生活指導のための部活指導？

生活指導を一生懸命にしている仲間から「俺は生活指導として部活動をしている」という話を聞いたとき、「邪道だな」と最初は思った。

しかし、事情を聴いてみると、非行行動や街へ出て面倒なことを起こしてくる子どもたちを集めて部活を指導しているらしい。家庭がいろいろもめており、部活をしているときだけが楽しいという子どもたちだ。彼も、子どもたちにいろいろと生活や学習の世話をしながら、一人前にしてやりたいと願っていた。

「小人閑居《しょうじんかんきょ》して不善《ふぜん》を為《な》す」の論理である。私としては、そういう「部活の利用」には納得がいかないところもある。しかし、行き場のない子どもたちの生活指導という名目で、部活指導ボランティアとして面倒を見ることは、ごくまれな特例としてあり得るかもしれないなと思う。だが、お疲れ様としか言いようがない。学校として、ボランティアとして、部活動と生活指導の関係をどう位置づけるかをもっと論議すべきなのではないかと思う。

学校になじめない子どもでも、部活があるから登校するということもあるかもしれない。また、授業は本当につまらないけど、部活に友達がいるので楽しいということもないとは言えない。

保護者もいろいろ

もう一つ気になるのは、勝利に向けてまっしぐらの厳しい部活だと、保護者が「毎日、早朝と夕刻遅くまでの部活で、子どもも疲れているので心配だ」とか「部活の指導者や親たちと応援の分担や送迎などで付き合うのがしんどい」と思っていることがある。部活を応援する保護者の中でマウントを取っている親からいろいろと指図され、そのつながりが面倒でキツイとも言う。早朝練習や、土日や夏休みなどにお弁当を持たせたり、応援や時に引率を交代で請け負ったりしなくてはならないので、大変なのだ。さらに、シューズやおそろいのTシャツや交通費などの費用もばかにならない。「子どものためなんだから」という悪魔のささやきである。

部活指導に熱心な学校では「親からも子どもからも、部活動を指導してほしいと強い要望がある」という声が多いという。もちろんそういう親もいるだろうが、逆に「いいかげん、土日の練習はやめてほしい」「テスト前くらいは部活を休みにしてほしい」という声を親や子がストレートに出せない場合もあるのだ。

部活動とは何か？　学校自身が問うべき問題

以前、定期テスト2週間前から部活動は休みにすることに学校として決めているのに、生徒と保護者に「文句は言いません」という念書を書かせてテスト前日まで練習しようとしていた部活動があった。

そのことについて保護者が抗議したが、部活の顧問は「本人がやりたいと言っているのですから、いいではないですか」と居直った。これは完全な間違いで、本人は「本当は勉強したいのだけれど、自分が休むと、参加しているみんなに迷惑がかかるので、休めない」という理由で参加しているのである。完全な同調圧力を利用した「承諾」であり、保護者も困惑している。

「子どもたちに無記名でアンケートをして、そういうやり方への意見を出させたらどうか？」と私がその学校の校長にアドバイスしたら、すぐに休部することになったらしいが、この部活顧問の狡猾《こうかつ》さにはあきれるほかない。

部活熱中派と部活ほどほど派が保護者にも混在しているのだということが、どうも学校は分かっていないようだ。

部活動を論じるときに「学校とは何か？」「ボランティアとは何か？」という根本的な問題を同時に論じないといけない。

勝利至上主義の部活動　なにがいけない？

「勝ってなんぼの世界」でいいのか？

新型コロナウイルス感染症が落ち着き始めたころ、今まで休んでいた部活動も解禁されるようになった。だが、実際には、コロナ禍の3年間、あまり目立たぬようにしながら、勝利至上主義的部活動は公式戦や定期戦をめざし、しっかりと続いていた。中学校や高校のコロナ感染症クラスターの多くは部活動を中心とするものだった。長時間、生徒は密になって、更衣室を使ったり、合宿所やコートで大声を出して活動したりするので、クラスターが発生するのは当然と言えば、当然である。

しかし、なぜそこまでして部活動を続けるのか。それは「勝利至上主義」という、言ってみればスポーツの「至上命令」の問題に批判的に向き合う意識が、子どもにも指導者にもないからだ。

「勝たなければ意味がありませんよね」「結果を残さないとダメですよね」はスポーツアスリー

トの常とう句である。勝利至上主義がなぜいけないのか?と問われれば、「勝利こそ意義あるものであり、勝利のためには過剰な練習や常識の枠を超える態度も許される」という価値観が支配するからだ。そして「敗者は負け犬同然であり、価値はない」という排除と差別を肯定するからだ。

むろん「負けても人生を豊かにすることができた」という後付けの言い訳はいくらでも考えられる。しかし、スポーツという競争原理の場では、「勝利こそすべて」という価値観は確固としてあり、敗者が称賛される機会はほとんどない。

試合直前まで「勝ってこそ今までの努力が報われるのです」と言っておきながら、負けたとたんに「努力したことは無意味ではなかった」と言う。心情は理解できるが、どう考えても言い訳じみて、つじつまが合わない。「勝っておごらず、負けて悔やまず」と言われるが、現実の子どもたちのゲームや試合では「悔やまず」は無理筋である。机上の道徳物語でしかない。真剣に取り組んだ子どもほど敗者の烙印《らくいん》は厳しい。

投入時間が熱心さのメルクマール

子どもたちの中で勝利の意味は大きい。勝利することに執着すれば、他のチームや選手より多く練習時間をかけるのが当たり前だと思うから、寸暇を惜しんで練習に励む。少しでも休みたい、休憩を取りたい、部活以外のことをしたいという声は、勝利へのあくなき追求をする集団の中では消し去られる。「並の練習をしていて勝てると思っているのか」という指導者の鼓舞はスポーツ系部活では当たり前に聞こえる。

当然だが、練習できる時間や場所があれば、選手も指導者も練習や試合を果てしなく続けることを欲望する。ある意味、部活にどれだけ自分の生活時間を投入できるかが熱心さのメルクマール（指標）になる。日曜日に家族で遊びにいくことと部活の試合に出ることとどっちが大事か？などという選択はそもそも成立しないのが、勝利に向けて全力投球している部活に参加するということだ。

優勝劣敗思想は「楽しむ権利」を奪う

勝利至上主義は、子どもたちのいろいろな「もの」や「こと」を犠牲にする。部活以外のことや都合の悪いことには目を塞ぎ、「とにかく一生懸命なら良い」とされてしまう。逆に、部活動以外のことに興味を持っても、「とりあえず、今は置いておいて」と周囲から言われる。「文武両道（部活動と勉強の両方を頑張りなさい）が本筋である」などと言うのはまだいいほうで、全生活のエネルギーを部活に注ぐのが当たり前のように言われることだってある。「余計なことを考えずに部活をやるんだよ！」と活を入れられることは珍しくない。

勝利至上主義では、一生懸命に練習してもレギュラーになれないとか試合に出られないなど、参加の権利さえ奪われることが当然のように言われる。「上手な人が試合に出る」「勝てる選手が試合に出て当然」ということを疑いもしない。勝利至上主義でなければ、試合への参加は実力主義や上手下手の問題ではなく、みんなに参加のチャンスと権利があるはずなのだ。スポーツの醍醐味《だいごみ》であるゲームを楽しむことは、参加者にとっては、本来、イコールチャンスなのである。

少なくとも公教育の部活動であれば、すべての子どもたちに、スポーツに参加して楽しむ権利はあるはずなのだ。つまり、公式戦といわれる「選抜トーナメント」が部活の目標やメインイベントになるのは勝利至上主義のためであり、スポーツをゼロサムゲーム（生き残りゲーム）としか捉えないからである。本来、「公式戦」が目標となる必要は全くない。スポーツを楽しむためにはまずみんながゲーム（試合等）に参加し、上手下手の違いはあれども、楽しむことが第一なのである。

勝利至上主義は「勝利する者は尊いものであり、敗者はそれより劣る」という優勝劣敗の考え方なのである。

「子どものため」とは誰のため？

部活指導者は自分たちの部活が「ブラック部活」などと批判されると、こんなに「子どものために」日曜日も休まずに一生懸命やっているのに、なぜ批判されなければならないのかと憤る。教育や子育ての中では、「子どものため」は、「本当に子どものためか？」という教師や指導者の反省や内省、集団的な論議が常に必要なのだ。安易に「子どものため」は言わないほうがよい。

子育てや教育の活動は、主観的にならず、できるだけ多様な意見を出し合いながら衆議にかける必要がある。

例えば、部活での勝利への強いこだわりや執着が子どもたちを過剰に追い詰めていることはないのか？▽そもそも成長期の子どもたちの心と体にどのような影響を与えているか考えたのか？▽部活内の同調圧力や仲間意識でいじめが発生していないか？▽成長期の子どもたちには多様な体験や活動の機会が必要だがそれを奪っていないか？——指導者自身が厳しい吟味をする必要がある。

例えば、勝利への価値の画一化された集団の中では、練習方法、指導方法、計画立案などに、メンバーが異議を申し立てるのはとても大変なことである。私が担任していた子どもが「岡崎先生、部活がきつくて退部したいのですが、言い出せないんです。それに、親にも『一度始めたら簡単にやめるんじゃない』って言われるし、友だちには『今やめたら負け犬じゃん』って言われる」と訴えに来たことがある。私は部活の指導教員と親に話をして、退部を許可してもらった。指導教員には「彼女がまた入部したくなったら、快く入れてやってよ」と念を押しておいた。部活とはそういうものなのだ。

指導者に求められる力量とは

こうした子どもたちの声を少なからず聞いていると、「休みたい」ということさえも「弱音」

と捉えられて言い出せないこともある。トラブルが起きると、指導者は「もっと、早く言ってくれればいいのに」と訴えるが、いくら「自由に発言していいよ」と言われても、同調圧力が強く、勝利への意識が強ければ、当然のこと、そこへの異議申し立ては難しくなる。これはどんな場所でも同じである。

指導者はそうしたメンバー同士の力の関係や縛りを十分に認識していないと、人権の侵害や、暴力事件、傷害事件を招いてしまうことになりかねない。

勝利に向かっての猪突《ちょとつ》猛進は危険なのだという意識が指導者には必要なのだ。その上で、勝利へのモチベーションと楽しく活動することのバランスや微妙な調整をする力が指導者には求められる。指導者は熱くなることの危うさを肝に銘じなくてはならない。

危うい物言い「10選」

最後に、部活指導者の発する言葉で勝利至上主義に暴走してしまう危険性をはらんだ物言いの例を挙げる。もちろん、この物言いが全部間違っているということではない。ただ、こういう物言いが出てしまうときは、批判的にとらえて、少し立ち止まって考えてみることがよいと思うのだ。

- 「文句は勝ってから言え!」
- 「けがや病気で休むのは、気が緩んでいるからだ!」

・「休むのは自由だが、仲間の信頼を裏切らないようにしなさい」
・「言いたいことは、もう少しうまくなってから言いなさい」
・「他人が休んでいるときに練習してこそ上達の道だよ」
・「まあ、フツーにやっていたら勝てるわけないじゃん」
・「先生（指導者）だって頑張っているんだからな」
・「チームワークは勝つために必要なんだろ。慰め合っているんじゃないよ！」
・「私（指導者）の指導が間違っているっていうわけ？」
・「先生を信頼できないなら、続けられないわね！」

部活動は子どもが楽しく活動する中で成長を期待するという、難しいが教育の基本的な場である。対等な対話が成立しないところに教育の場はないと思うのだ。

※勝利至上主義と競争原理スポーツについての参考文献を
『みんなでトロプス！　敗者のないゲーム入門』（岡崎勝・影山健編著、1984年、風媒社）
『体育教師をブッとばせ！』（岡崎勝・土井峻介・山本鉄幹共著、1986年、風媒社）
『競争社会をこえて』（アルフィ・コーン著、山本啓他訳、1994年、法政大学出版会）
『親子で読む！　東京オリンピック！　ただし、アンチ』（自由すぽーつ研究所編、2018年、ジャパンマシニスト社）

「部活やめます」告知したら保護者から抗議　部活指導は教員の仕事なのか

小学校では部活指導者を外部委託した地域も

教員の多忙化について論じてきたが、今回は「部活指導」による多忙化について考えてみる。以前にも述べたが、部活指導は中学・高校が中心ではあるが、地域によっては小学校も同じように活発である。私の勤務地の名古屋市では、最近、小学校の部活指導者の外部委託がはじまった。ただし予算が頭打ちでなかなか進まない。一方で、中学校の部活動は大変盛んで、部活指導による教員の多忙化は一向に解消されていない。

「部活指導者を辞めたいのだが、なかなか辞められない」という声も多く、知人の中学教員から、自分の意図に反して部活動の指導を「やらされている」と聞いたことがある。結論的に言うなら、「部活動の指導は楽しいボランティアなのであるから、無理をしてまでやることではない」ということに尽きる。今回は、部活顧問・指導者である教員の実態について紹介する。

部活動の指導は教員の本来の仕事ではない

部活動の指導は教員の仕事の一部のように受け止められているが、「教員の本務労働ではない」というのが妥当だ。つまり、平たく言えば、教員だから、児童生徒の校内活動として行なわれる部活動を無視することはできず、関わるしかない。だが、法的な問題は後で述べるが、それが教員の本来の仕事かというと、違うということだ。

子どもたちから「顧問をしてほしい」「上手になりたいから教えてほしい」と言われれば、「しょうがないな」という気持ちになる。なかには、積極的に「子どもたちをしっかり指導し、記録を向上させたり、試合に勝利したりして、自信をつけさせたい」とか「伝統校として強いチームを作らなければならない」などと思う教員がいても不思議ではない。その気持ち自体は、これといって否定される話ではない。

しかし、「子どものため」なら、どうして部活動が一部のスポーツや、合唱などに限られてしまうのか。どうせやるなら、「数学部活」とか「物理学部活」、「調理部活」「清掃部活」「漫画部活」……そういういろいろな部活があってもいいし、作ってもいいと思うのだが、あまり聞かない。友人に「ロックンロールバンド部活」をやっていた教員がいたが、私なら「つり部活」もいいなと思う。

対外試合や地区大会への参加の持つ意味

本来の学校部活動はスポーツの場合、スポーツに興味と関心をもつ同好の生徒の自主的、自発的な参加による活動（文部科学省「運動部活動での指導のガイドライン」）である。自分たちの趣味として楽しむグループ活動としてあるべきだった。

ところが、校外対抗戦や、全国・地域などの大会に参加すると、学校名を背負って試合に参加しなければならなくなり、弱小チームであっても、とりあえず練習も過剰・過激になり、勝利のためにまい進することになってしまったのである。

もし、対外試合や地区発表会などに参加しなければ、部活動はそれほど「やらねばならない」という強迫観念に駆られることはない。コロナ禍で部活動が自粛されたときに、一番、指導者の中で話題になったのが「公式戦や選抜大会はどうなるのだ？」ということだった。「公式戦がなくなると、子どもがかわいそうだし、やる気もなくなるなあ」という声が、部活関係者の間から聞こえてきたし、子どもたちも「がっかりだ」と言っていた。

つまり、これは「趣味」「同好の集まり」でなく、学校部活動が選手養成機関となり、トーナメントの大会参加が目的になっているのだ。まさしく「勝利至上主義の部活」にシフトされている。それなら、学校の外でやってくれ！と言いたくなる。

学校で部活動をやるなら、すべての子どもが楽しめるような部活動になっていなければならない。学校の教育活動というなら、まずもって、全ての子どもは参加や活動にイコールチャンス（機会均等）でなければならない。

部活動を閉じるときに聞く生徒や保護者からの無理難題

友人が中学校のテニス部の指導をしていたが、自分自身の家庭の事情で次年度にテニスの部活をやめることを告知した。すると、苦情が殺到した。2年の生徒と先生との間で、こんなやりとりがあったそうだ。

生徒「来年は部活なかったら、地区大会はどうするのですか？」
先生「参加できないよ」
生徒「えーっ、そんなの困る」
先生「それはしょうがないよ、部活動がないのだから」
生徒「無責任！」
先生「もともと、学校の部活動はそういうもんだし、ぼくはボランティアでやっているのだよ。学校教育の中心の活動じゃないのだから、いくらでもそういうことはあるさ。地域のテニスクラブでも入ったらどう？」

保護者からも「なぜ、テニス部をなくしてしまうのだ。子どもの気持ちを考えたことがあるか」という恫喝《どうかつ》のような抗議もされたそうだ。しかし、義務でも仕事でもないボランティアなのだから、苦情でなく、「今まで、ありがとうございました」という感謝の言葉が必要なのではないか。もし、親が学校の部活で子どもの余暇を埋め合わせようという気持ちがあるとするなら、それはちょっと虫が良すぎる。部活動の指導をさせられている教員は、こういうゴタゴタも怖くて、なかなか辞められないのである。

教員同士の部活指導をめぐる「不公平感」

学校によっては部活動の指導を「教員が全員で取り組むべきこと」と信じ込まされている職場がある。あくまで趣味と同好の活動なのだから、本来なら勤務時間終了後に開始すべきことであり、教員は指導者や顧問を引き受ける・引き受けないを含めて、自分の都合で選択すればよい話だ。

だが、ときどき部活動の指導をしない教員に対して、指導をしている教員が「自分は勤務時間外も遅くまで残って指導しているし、土日など学校の休みの日だって試合があれば、引率指導している。こんなにしんどいのに、あの先生はなぜ部活の指導をしないのだ」という見当違いな不満を持つことがある。

とくに管理職の中にも「部活指導をするのが当たり前」という無作法なことを平気で言う人もいるので、職場はやっかいなことになる。部活指導をしない先生が、なぜか肩身の狭い思いをするケースもあって、気の毒になることもある。

しつこく不満を言う先生の話を聞いてみると「自分は苦労しているのに、あの先生はラクをしている」という「不公平感」に怒りがわいてくるようだ。

しかし、これは大きな勘違いである。部活指導は、子どもの楽しい顔を見ていれば、自分だって楽しく充実しているはずなので、部活指導に携わらない先生に不満を言うはずはない。指導しない先生を攻撃する先生は、本当は自分もやりたくないし、仕方なく指導しているのではないか。だから、部活指導をしていない先生へのねじれた気持ちで怒りがわいてくるのではないだろうか。

遅くまで部活動の指導をしていれば、家族とのだんらんも減るし、家事育児もなかなか分担が難しくなる。パートナーや子どもがいないなら、そういう問題はないかもしれないが、それでも自分の父母の介護や世話、地域活動、自分の趣味など、仕事とは別に大事なことがあれば、それに十分取り組む時間が部活の指導によって削られる。それでも自分は我慢して、家族を犠牲にして部活動の指導をしているのに、全くしていない教員がいれば、心穏やかではないことは想像に難くない。

また、当然のことながら、授業の準備やテスト・日記、子どもたちの提出物の処理、校内の企画運営計画立案などの本務がまだ十分にできていないのに、部活指導に時間を取られてしまうというイライラもあるだろう。

原則は「できません」と断るだけのこと

部活の指導は、教員の本務外労働になるので、本来職務命令を出すのは法的に難しい。私自身は「職務命令は無理」だという見解である。いくつか理由はあるが、簡単に言うと、時間外勤務の部活指導を命令するのは違法だからだ。

つまり、校長が教員に対して時間外に出せる可能な職務命令は、「公立の義務教育諸学校等の教育職員の給与等に関する特別措置法」（給特法）によって4項目しかないのである。この4項目に部活指導は入っていない。だから、もし職務命令を出せば「違法」となり、校長は懲戒を受ける可能性がある。

では、部活動の指導は法的にどう位置づけているのか？

部活動の指導という仕事の性格としては、あくまで「教員が自主的・自発的に行なっているものである」という理解である。つまり学習指導要領では、部活動を「学校教育の一環」と位置づけているが、現実には勤務時間内に部活動を指導するゆとりはない。また、児童生徒も全員ではないし、指導内容や目的・目標も極めて曖昧であるため、教員の職務にはなじまない。従って、部活動を職務命令でさせるだけの要件が整わないのだ。

結局は、「教員の自主的・自発的活動」「ボランティア」「勝手にやっている」――というさまざまなレベルで、指導するしかない。校長も「やるなら、適切にやってくださいね。体罰とかけがのないようにね。分かっていると思うけど、超過勤務手当とか残業代は出ないですから、よろしく」ということである。校長は、教員に指導してほしいなら「お願いします、よろしければ部活動の指導をやってくれたらありがたいです」というボランティアの依頼でしかない。

今、盛んに学校で実施され、教員の多忙化の要因の一つといわれている部活動は「時間に余裕のある先生が、時間に余裕のある子どもと、学校の公的施設をつつましく借りてする余暇活動であり、先生はボランティアで指導する」ということ以上でも以下でもない。

私は、部活指導をやらされて悩んでいる教員に「お断りすればいいじゃないの」と伝えるが、同調圧力の強い職場では「子どものために」と言われると断れないという。しかし「『子どものため』はよく分かるけれど、本務外なので『自分のため』にお断りします」と正直にはっきり言ったほうがいいですよ、とアドバイスしている。

教員の多忙化の解消のためには、労働者として「正しい優先順位を私はこう考える」という「スプーン一杯の原則的な勇気」は必要かもしれないと考えている。

※参考文献
内田良編『部活動の社会学―学校の文化・教師の働き方』（岩波書2021店、年）
中澤篤史著『運動部活動の戦後と現在　なぜスポーツは学校教育に結び付けられるのか』（青弓社、2014年）

神谷拓著『運動部活動の教育学入門　歴史とのダイアローグ』（大修館書店、２０１５年）
内田良著『ブラック部活動　子どもと先生の苦しみに向き合う』（東洋館出版社、２０１７年）
池田浩士著『ボランティアとファシズム：自発性と社会貢献の近現代史』（人文書院、２０１９年）
仁平典宏著『『ボランティア』の誕生と終焉─〈贈与のパラドックス〉の知識社会学』（名古屋大学出版会、２０１１年）

初出

I

1　先生、わたしたちは主体的なのですか？　自由なのですか？　それとも
——生権力に統治される学校と新自由主義的学校化（現代思想 2023年4月号）

2　「学校に行く」を目標にしない不登校相談
——「登校拒否を考える会・静岡」岡崎勝講演記録　2021年11月7日

II　毎日新聞オンライン　医療プレミア「子どもは3密で育つ⁉～コロナ時代の学校から」2021年～2022年　https://mainichi.jp/premier/health/ch200864828i

[著者紹介]

岡崎勝（おかざき・まさる）

1952年愛知県名古屋市港区生まれ。小学校教員。フリースクール「アーレの樹」理事。〈お・は〉編集人。〈ち・お〉編集協力人。著書に『仕事を辞めたい。職場で自分を守る最善の選択』（ジャパンマシニスト社）『学校再発見！――子どもの生活の場をつくる』（岩波書店）『センセイは見た！「教育改革」の正体』（青土社）『子どもってワケわからん！』（批評社）ほか多数。

装丁 ……………佐々木正見
DTP制作………勝澤節子
編集協力 ………田中はるか

[シリーズ現場から]

学校バトルを真面目に楽しむ
課題別考え方と行動の方法

発行日❖2023年8月31日　初版第1刷

著者
岡崎勝

発行者
杉山尚次

発行所
株式会社言視舎
東京都千代田区富士見2-2-2 〒102-0071
電話 03-3234-5997　FAX 03-3234-5957
https://www.s-pn.jp/

印刷・製本
中央精版印刷㈱

ISBN978-4-86565-254-3 C0336